做个会说话会做事的智慧女人

闫江华◎编著

中国纺织出版社

内 容 提 要

说话水平和办事能力是现代女性素质的综合体现，更是笑傲职场、谋求幸福人生的重要资本。

本书从女性的视角出发，以轻松睿智的笔触对主题进行层层分析，以上下两篇的形式搭建清晰的结构，为女性阐释说话、办事的方法与诀窍。这是一本全面、实用、精致的女性社交能力提升读本，帮助女性朋友提升口才技巧，精通办事策略，提升自我魅力，创造精彩的人生。

图书在版编目（CIP）数据

做个会说话会做事的智慧女人 / 闫江华编著. --北京：中国纺织出版社，2014.10（2024.4重印）

ISBN 978-7-5180-0708-0

Ⅰ.①做…　Ⅱ.①闫…　Ⅲ.①女性—口才学—通俗读物②女性—心理交往—通俗读物　Ⅳ.①H019-49 ②C912.1-49

中国版本图书馆CIP数据核字（2014）第129335号

策划编辑：闫　星　　责任编辑：闫　星　　责任印制：储志伟

中国纺织出版社出版发行

地址：北京市朝阳区百子湾东里A407号楼　邮政编码：100124

销售电话：010—87155894　传真：010—87155801

http：//www.c-textilep.com

E-mail：faxing@c-textilep.com

官方微博http：//weibo.com/2119887771

北京兰星球彩色印刷有限公司印刷　各地新华书店经销

2014年10月第1版　2024年4月第3次印刷

开本：710×1000　1/16　印张：15

字数：188千字　定价：69.80 元

凡购本书，如有缺页、倒页、脱页，由本社图书营销中心调换

前言

语言表达心意，语言即是心声，语言是人类有效的沟通工具，是人类表达思想的载体，是人类不可或缺的智慧。

作为一个女人，你可以不漂亮，但说话一定要说得漂亮。得体的谈吐、动听的声音、巧妙的沟通，精彩的表达，都可以帮助女人在生活中大放异彩，在职场上顺风顺水，让女人凭借口才的修炼而魅力四射。不可否认，说话是交际中最有效的沟通方式，而说话技巧则决定着一个人做事的成败。

作为一个女人，如果你没有美丽的外表，也千万不要为此耿耿于怀，你完全可以凭着自己卓越的口才来为你增添色彩，为你的魅力加分。毫无疑问，一个女人的外表固然重要，但同样不容忽视的是女人的说话能力，会说话的女人惹人爱，会说话的女人其实是最出色的。

女人不仅会说话，还需要会做事。现代社会竞争日益激烈，只有那些会做事的女人才能从中脱颖而出，掌舵人生。女人做事，则需要从自己具备的特质着手：或善解人意，或乐观积极，或柔情似水，利用自己的特质去吸引人，然后再施以方法与技巧，做事定然是马到成功。

当然，说话和做事，这两者是统一的。会说话的女人，做事定然会一帆风顺。善于说话的女人，在这个世界上可以驰骋而行，万事顺心；而那些不善言谈的女人则有可能如履薄冰，步步难行。为什么有的女人颇有才能，行走在世上却步步维艰；有的女人资历平平，却可以干出一番惊天动地的事业，这在很大程度上取决于她们的口才水平。口才好的女人在任何场合都能如鱼得水，她可以直言曲达，把话说到别人的心窝里；她可以随机应变，应付突如其来的尴尬；她可以口吐莲花，伶牙俐齿惹人爱。

假如你想要寻找成功捷径的路，那本书将给你提供一个简单的范本；假如你想要获得一份事业成功的喜悦，本书同样会为你提供宝贵的建议；如果你想成为大受欢迎的女人，那本书也会如你所愿。会说话的女人受欢迎，会做事的女人最瞩目。

这是一本通俗实用的书，它结合了女性的特点，用流畅的语言，教你如何说话，如何做人。全书分为上下两篇，上篇论女性口才，下篇论女人做事，手把手教你在关键时刻能出色地展现自己的魅力和个性，赢得众人欣赏的眼光；让你在职场打拼的过程中顺风顺水，取得事业上的成功；让你在人际交往中左右逢源，成为备受欢迎的女人。

编著者

2014年4月

目录

做会说话的女人

做会做事的女人

做会说话的女人

第1章　聪明女人，要多说点好话

在生活中，对于女人而言，卓越的口才、有技巧的说话方式，不但是家庭幸福的法宝，事业发展披荆斩棘的利剑，更是增加自身个性魅力的砝码。当然，女人要想拥有卓越口才，还需要打好扎实基础，多具备修炼好口才的资本，如此才能在交际场合应对自如。

说得好不如听得巧

口才不是舌灿生花的卖弄，更不是滔滔不绝的谈论，真正懂得语言魅力的女人，首先会认真倾听对方的言谈，充分、正确理解别人的真正意图，然后才作出有针对性的回应。这样才能达到用语言来沟通的目的，话说得巧远不如听得巧。

比如，女孩子看上一件衣服，却往往一边仔细翻看，一边抱怨做工不够严密，布料不够上乘等，其实也许她并不是抱怨衣服本身的品质，否则，她连一眼也不会看。这时如果一味反驳，对方显然不会买账，不如主动说出一些优惠，比如有小赠品，或者打个小折，往往能让对方眉开眼笑地付钱。

学会听话，就是听懂别人的言外之意，判断出对方的真正意图，从而给出恰如其分的反应，和对方达成一致，或达到沟通的目的。想要“听得懂”，可

从以下几个方面入手：

1.说话时情形如何，说话者情绪如何

女人说话往往受自身情绪影响较大，尤其在事情刚发生后，往往易激动，喜抱怨，夸大事实。这时候对方如果仅仅是发泄，绝不会对你理性的评价和劝慰感兴趣，她们需要你同仇敌忾（当然不可取）或者劝慰、倾听。而在事后向你谈起，情绪比较平静时，往往需要你出出主意，希望改变现状。

2.和对方关系如何

我们和一个人的关系如何，可以直接在和对方说话的语气中感觉出来。同样一句赞美的话，对于陌生人来说可能是客套之词，对于朋友来说可能就是真心诚意的欣赏和赞扬。

3.猜测对方可能的真实意图

根据对方表达出的信息，可以猜测可能的真实意图。比如，一位邻居向明明的妈妈说道："你家明明真勤奋，半夜11点还在弹钢琴。"他的说话重音如果是在"半夜11点"，语气不以为然，可能就是责怪钢琴声打扰到了自己。而如果这位邻居离明明家较远，语气真诚，语带赞扬，明显就是真的在赞扬对方。

通过对方的语气、情绪、手势、表情等形成自己的判断，然后再通过反问、重复等方式确定对方的意图，才能真正弄懂一个人的真正意图。这时候，再表达出自己的想法，往往能够收到更好的效果。

4.对方的表情手势如何

表情手势和语气对于真实意思有加强或减淡的作用，如果对方的手势和语气在加强语句的意思，这有可能是对方的真实意图，并希望引起你的注意。而如果对方的语气和手势明显和用语不一致，则表明对方不以为然，或者因为无法反驳或拒绝而敷衍你，或不想争辩而勉强同意，内心并不一定认同。

5.对方说话的重音放在哪儿

一句话，常常会因为不同的重音，而表现出强调不同的重点，仔细倾听对方的重音所在，有利于理解对方表达的真实意图。

6.当一个人故意词不达意或者表达混乱的时候，需要特别小心

这样的表达方式，往往要通过询问，才能抽丝剥茧慢慢明白对方的意思，但当你清楚问出其中的意思时，往往发现自己已经掉入了对方的陷阱。有一个小女孩向某好友混乱地说了一大堆和另一个小姑娘之间的恩怨，到最后朋友发现，结论竟然是另一个小姑娘欺负了她，她的意图在于希望朋友能够抱打不平，因为三个人的友好关系，朋友陷入了进退两难的境地。

迷人嗓音，先声夺人

有魅力的声音会带给女人不一样的运气，人们常说“未见其面，先闻其声”或者“先声夺人”，可见迷人的嗓音是魅力女人不可多得的优势。再者无论多美妙的语言都要宣之于口才能给人怡人之感，如果声音难听或者语调平板、节奏混乱、语气不善，即便再好的口才也会让人反感。

女人甜美的声音往往比深刻的思想更重要，一个歌唱家，即使是无歌词的呢喃，也足以让人入迷，“工欲善其事，必先利其器”，想要别人有耐心倾听你的谈话，就要让自己拥有柔美动听的声音，抑扬顿挫的语调，让更多人愿意听你说话。

假如你想要完善自己的发音技巧，可以从以下几个方面入手：

1.拥有自己独特的音色

每个人的音域范围都是很广阔的，试试自己高低音的不同，找到自己听起来最舒适的音高，就能形成最独特的音色。并不是所有的女人都适合沙哑的女低音，只有与自己性格、形象统一的声音才能形成自己的风格，让人感觉舒适。在自身音调的上下限之间找到一种恰当的平衡，加上口腔、鼻腔、胸腔形成共鸣，就能让声音听起来更华丽且富有变化。

2.发音准确

每一个词语都是由最基本的语音单位组成，音调不准确，说出的话就会怪声怪气，比如某些外国人说中文，吐字发音不清晰或者结巴、反复，不但影响自己的形象，而且有碍于表达自己的意思，不能充分展示自己的思想和才华。

3.语调要富于变化

音调强调的是单一词语的声调，语调是某个句子的声调变化，同样的一句话不同的语调可能表达出截然相反的两种意思。语调反映的是一个人的内心世界，他的情绪和态度，语音语调里含有很多感情成分，有时候掌控好了语调比选择恰当的词汇更加重要。另外，平板的叙述没有人会特别注意，而兴致勃勃，语调丰富的话语，即使是一件平淡的小事，也可能引起人们的兴趣，这就是为什么有些人虽然话题简单，但人们往往听得兴致勃勃的原因，因为她的语调和情绪感染了对方。有研究证明，使用上扬语调易给听者造成悬念，提高对方兴趣，初次见面不妨多加使用，但切忌持续时间过长，否则会引起疲劳；降调能表现说话人的果敢决断，表现自信，做决定时应多运用。

4.音量和语速都要适中

音量过大过小都会让人不舒服，在对方能够听清的范围内，声音要轻一点，可以表达对对方的尊重，同时，轻声细语也是女人魅力和优雅的一种表现。语速也一样，语速太快如同音调过高一样，会给人以紧张和焦虑之感；语速太慢，又会令人有焦躁沉闷之感。在不同的场合运用不同的语速，可以表达你的自信和优雅，会议、谈判等场合语速要稍快一点，个人聚会、聊天语速不妨放慢一点。另外不疾不徐、语速舒缓可以缓解对方的焦躁情绪，同时也是一个人优雅大方的最好表现，女人的语速最好不要太快。

拥有迷人的声音，也就拥有了一项特别的魅力，让人很容易喜欢上你的声音，你会更受欢迎，说出的话也会更容易被人接受。

会说话的女人，谈吐宜优雅

女人优雅的谈吐，是女人聪明、有教养和才智的表现。一个女人，如果讲出粗俗的话，一定会令人失望；一个满口脏话的女人，她走到哪里都会令人厌恶的。优雅的谈吐，是女人内在精神气质和修养的直接体现，它是一种美好的正能量。

当我们在与他人交往中，如果能做到言之有礼，谈吐优雅，就会给人留下良好的印象。反之，如果你满嘴脏话，甚至恶语伤人，就会令人反感讨厌。对于一个女人来说，说话不宜咄咄逼人，也不要与他人有口舌之争。优雅谈吐还体现在谦虚礼让中，女人言谈应该落落大方，能够耐心地倾听他人讲话，千万不要随意打断别人的话，也不要随便接过他人的话头。正所谓“谦受益，满招损”，懂得谦虚礼让的女人体现了良好的修养，而有修养的女人才能得到更多人的尊重。

王伟老师是南京一所高校的教授，一天，他正在办公室里备课，有人敲门，他习惯性地说了声请进。抬头一看，是一位女生，但是他并不认识，他想也许是找别的老师。但是那位女生四下看了看，张口就问道：“王伟呢？”

这话一出口，办公室里的老师都愣了一下，都往王伟这里看，王伟心里也很纳闷，在学校这么多年，还没有谁直呼其名的。他脸色微微一变，但还是有礼貌地对她说：“我就是，找我有什么事吗？”

那位女生大大咧咧地说：“噢，你就是王伟呀，我可早就听说过你了，我是某某教授的学生，我的论文你给我看一下！”

王伟到底是个大学教师，还是比较有涵养，看到这个学生这么没有礼貌，并没有发火，只是随口说道：“那你就放那里吧！”

这名女生就把自己的论文往他的桌子上一扔，说：“你快点看呀！后天我们要论文答辩，你可别耽误我的事！”

王伟再也无法忍受，说：“请问你是找人办事还是下达命令呢？你的论文

拿走，我没有时间给你看！”

当这位女生表现得毫无礼貌，并且习惯于出言不逊时，已经谈不上优雅了，自然也就不会得到他人的喜欢。有位名人说：“生活中最重要的是有礼貌，它比最高的智慧、比一切学识都重要。”所以，女人要想拥有优雅的谈吐，那就必须先学会礼貌待人。

一个女人优雅得体的谈吐不仅仅需要注意说话的语速、语气、语调，还需要注意说话的内容包括场合，切忌在公众场合高谈阔论，手舞足蹈。除此之外，女人讲话可以适当地使用肢体语言，来增强语言感染力，但是也不宜过多。下面我们就简单介绍，优雅谈吐需要注意的几个方面。

1.态度恳切真诚

说话本身就是向他人传递思想感情的过程，所以千万要注意你说话时的神态、表情，一定要保持恳切真诚的态度，这样才会给人良好的印象。当你向他人表示出赞美的时候，如果嘴上说得十分动听，但表情却显得冷冰冰的，那么对方一定会认为你是在敷衍而已。

2.用语谦逊、文雅

当你在与人交流的时候，需要多用敬语、谦语和雅语，这样能体现出你的文化素养以及尊重他人的良好品德。一句脏话可以让一个穿着端庄、容貌美丽的女人形象瞬间大打折扣。作为女人，一定要远离这类话语，多使用一些谦逊、文雅的词语。当你称呼对方时可用“您”、“先生”、“小姐”；当你需要询问对方姓名的时候，可用“贵姓”代替“你姓什么”。

3.声音大小适当，语调平和沉稳

当你在与人交谈的时候，无论是普通话还是外语，咬字都要清晰，音量要适度，只要对方能够清楚地听见你的话语，千万不要大声说话。语调要平稳，尽量不用或少用语气词，这样会使对方感到亲切自然。

优雅的谈吐是一种艺术，女人的声音不一定好听，但一定要有艺术。女人优雅的谈吐就像是富士山冬天的雪，洁白无垠，又如山中的清泉，激荡岩壁，余音袅袅。谈吐是女人风度、气质和优雅的表现，更是一个女人魅力的彰显，说话像泼妇骂街、唠唠叨叨、说三道四、粗俗不堪的女人只会让人厌倦。聪明女人，懂得用自己的优雅谈吐来打动人心，为自己增添无尽的魅力。

把握说话的节奏和音色

在日常交际中，如果一个女人能把握好语言的节奏，而说话的声音本身也很甜美，那就会增添她的女性气质，从而让自己的语言充满感染力。有人说：“女人的声音常常比思想更重要。”一个保持语言节奏、音色动听的女人，很容易被人们所接受，即使她的思想很幼稚。相反，一个没能把握语言节奏、音色难听的女人，尽管她说得很有思想，也很难令人有好感。于是，同样的话，从不同的女人口中说出，效果可能大不一样，因为她们说话时的节奏、声音不同，所以说话时所表达的感情自然不一样。

已到不惑之年的李太太平易近人，受人尊敬。每每遇到小区的邻居，她说话总是慢条斯理。

在一次聊天中，李太太向大家解释了她为什么说话慢的原因，李太太说，她说话之所以比较慢，原因有三个：一是性格比较温和；二是由于讲话从来都是随想随说，这就需要思考充分，才能准确表达出自己的思想感情；三是所说的每一句话都是带着感情的，这样的语速更能表达出自己的感情。坐在身边的小王终于明白了，为什么李太太总是那么受欢迎了，那是因为她说话节奏舒缓总是让人感到温暖、平易近人。

当然，在日常交际中，更多的时候我们是根据表达的需要来确定说话节奏的快慢缓急。比如，在表达一般的内容时，我们说话节奏适中，既不太快，也不太慢；当表达兴奋、激动、愤怒的思想感情时，我们说话的节奏会变得很快；当表达庄重、怀念、失望的思想感情时，节奏放得很慢。

她的声音有一种特别的气质，那是一种传递若干年后你仍然愿意为此驻足街头的声音……事实上，邓丽君虽然从小就表现出极佳的音乐天赋，但她的声音并不是完美无缺的。她原本是一副小嗓门，声音比较柔和单薄，这种先天因素并不容易改变。为此，她的音乐老师姚厚笙从头对她进行细致的训练，由发声方法到歌唱习惯等，均悉心调教。

1984年，已经蜚声全球的邓丽君，专程到英国向声乐老师学习运气、发声和共鸣音。事后她说："我需要在每个阶段后停下来，解决一些本身存在的问题，挖掘一下没有发挥出来的潜力。"在英国期间她很用功，每天会练习六七个小时。"我的老师让我每天起床后，都要吊嗓子30分钟。早晨还没有开声，练提气练到最高处，发出的声音是很难听的。"有一回，当她吊完嗓子，酒店服务员给她送茶水时，在杯垫上写了一行字："我们英国人最讨厌有人在早晨乱叫！"弄得邓丽君一时哭笑不得。

在经过刻苦训练之后，她的声音充满中国女人的特色，充满了东方女性的神韵，温柔不失坚强，美丽且善良……她嗓音很有特色，几乎听不出有任何换气的地方，可以在没有鼻音的状况下唱出连续的高音，而且她的中文咬字也非常清晰，音色又细又柔，令人着迷。

有人曾经这样说："有一种声音可以用一生倾听，有一种温柔可以环抱一个年代，那就是邓丽君。"我们只能说，她那独特迷人的声音影响了几代人，直到现在，她的声音依然回响在大街小巷。由此可见，良好的语言表达需要具备独特而有魅力的音色，这样她所说的话、所唱的歌，才能深入人心。

1.把握说话的节奏

我们先来说说说话的节奏，语言是我们用来表达思想、交流感情、抒发胸臆的工具，同时，也是心理、感情和态度的自然流露。在日常生活中，我们都会发现每个人都有自己相对固定的说话方式，而说话节奏却不是相对固定的，往往有快慢之别，节奏适当不仅能有效地传情达意，而且能令对方感到悦耳动听；如果节奏把握不当，缺乏快慢变化，始终保持一个速度，那就很难准确、恰当地表达出自己的想法，甚至让对方感到不厌烦。

2.注意自己的音色

在日常生活中，每个人的音色都各有特点，有的声音洪亮，有的声音沙哑；有的声音尖细，有的声音粗重；有的声音清脆如玉珠落盘，有的声音却薄如金属之音。通常我们不用眼睛看，只要听到对方的声音就能判断出这个人是谁，由此可见，一个人说话的声音能够为其贴上有效的标签，也就是我们常说的“闻声辩人”。同时，独特的声音还能够感染他人，比如百灵的鸣叫能够使人心旷神怡，嘹亮的军号能够使人精神抖擞。动人的音色，对于女人来说极其重要，它将大大增加你的语言魅力。

聪明女人，别出口不逊

在现代社会，我们会发现，从一些看似温文尔雅的女人口中经常会爆出一些不堪入耳的粗口，这是十分难以让人理解的。尤其近几年来，女人在这方面的表现毫不逊色于男人，也学会了爆粗口，甚至变得更加厉害，有的女人说得出比男人更露骨更难听的下流话。其实，这就好似妇女解放运动时期极典型的女性心理特征。或许，从女性的角度，她们只是希望自己表现得像男人一样，或许，只是为了单纯地寻求心理上的某种平衡。她们会想“为什么男人可以说，而我们不能说”，于是，她们也像男人一样说粗口，这可以给她们一种与男人并驾齐驱的感觉。虽然，她们暂时获得了一种心理满足，但是，却失去了女性应有的修养。在这里，劝解那些喜欢爆粗口的女性，学会使用敬语，千万不要让“粗口”毁了你的形象。

许多女人善于言谈，却不是那么会说话，给人的感觉总是很别扭，使人远远避之而唯恐不及，究其原因，就在于她们说话时少了礼貌的措辞。其实，在日常生活中，说话礼貌是十分重要的，它是一个女人素质的直接体现，也是能

够赢得对方尊重的先决条件。有的女人说话不礼貌，这样不仅会令人厌烦，而且最终只能导致沟通失败。尊重别人就是尊重自己，无论我们在社会上扮演了什么角色，有着什么样的身份，礼貌是一直维持人际关系不断互动的规则。一个说话礼貌的女人走到哪里都会受欢迎，而一个习惯于出口不逊的女人，怎么样都得不到别人的喜欢。

无论是求人办事还是普通的交谈，我们都需要以礼貌的措辞来进行交谈，如果我说话能够礼貌一点，别人肯定会乐意帮忙。

那么，如何才能远离粗俗的语言呢？

1.要养成使用敬语、谦词、雅语的习惯

敬语也就是敬辞，表示尊敬礼貌的词语。我们常用的敬语“请”，第二人称“您”，代词“阁下”、“尊夫人”等；谦语是向人表示谦恭和自谦的一种语言，比如称自己为“愚”等；雅语是指一些比较文雅的语言，比如你端茶招待客人，应该说“请用茶”。

2.要使用礼节性语言

语言的礼节就是寒暄，有一些最常见的礼节语言惯用形式，比如，问候语“您好”，告别语“再见”，致谢语“谢谢”，致歉语“对不起”，回敬语“没关系”、“不要紧”、“不碍事”等等。另外，还要丰富礼貌用语。在平时生活中，我们习惯这样打招呼：“你吃饭了吗？”、“你到哪里去？”，这样的日常用语显得有点单调、乏味，也缺乏应有的礼貌。这时候，我们应该丰富自己的礼貌用语，比如“早安，你好吗？”、“请代问全家好”等。

3.作为女人，应该使用敬语，远离粗俗的语言

因为语言本是思想的衣裳，它可以直接表现出一个女人的修养。同时，语言交流是一种心灵沟通，要想使彼此之间的沟通畅通无阻，就应该得体地运用礼貌措辞，这样才会让对方感到“良言一句”的温暖，使自己与他人之间的感情很快就融洽起来。

女人要用心用“情”说话

说话不仅仅是用心就能够引起他人的注意，关键的时候，还要学会用情，情绪是会相互感染的。当一个善于说话的女人用一种低缓深沉的声音讲述她曾经遭遇的那些悲伤，或者用欢快、清脆的声音讲述她经历过的一些小小的喜悦的时候，你仿佛走进了一个又悲伤又明媚的丰富精彩的世界。好的文学作品有这样的效果，好的口才同样可以让倾听者感同身受。

用心对待他人，别人会感受到你的真心，说话时也要带上你的情绪。无论是平心静气的讨论，还是兴致勃勃的讲述；无论是真诚热情的问候，还是漫不经心的敷衍，往往从你的语气中就能够参透。叙述的能力不仅仅是用怎样的词汇，还包括用怎样的语调，怎样的表情，怎样的情感，怎样的态度。

怎样学会“用心用情”说话呢?

用词语气要引起对方的共鸣。聊天叙事不要过于平板，即使是一件很平常的小事，用兴致勃勃的声音讲出来和用平淡的声音讲出来的效果是不一样的。当你提出某些建议，讲述某件简单的小事，一定要让对方觉得你是怀着莫大的兴致的，是非常感兴趣的，这样对方才可能试着认真同你一起去做，认真倾听你讲的内容。

如果用疲倦的声音去讲一件事，即使那件事是何等的刺激、冒险，大概对方也会觉得兴味索然，而不愿意去尝试了。

讲话态度一定要真诚，有自信。有些销售员讲话的时候，往往让你觉得他的产品真的不错，是作为朋友在和你分享一种使用好东西的体验，而不是在推销。这种错觉，往往是推销员诚恳、自信且带着激情和愉悦的语气带给你的。你会很容易相信并接受他的产品，并愿意和他进行交流。

别人往往是从你的语气中了解你的信心和态度：如果你讲话不耐烦，对方一定以为你对他不真诚，会感觉到受歧视。如果你的声音听上去很累，对方会认为你不真诚。如果你总是自以为是、夸夸其谈，对方会没有安全感。如果你

的语气过于强硬，且缺少聆听，对方也会非常反感。如果你的语气愉悦欢快，对方一定备受鼓舞，愿意和你交流。

考虑到听话者的感受，然后用真心去说，对方就能够感受到你的诚意和热情，有和你交流的意愿。

观察倾听者的反应，及时作出调整。不管别人反应如何，一味滔滔不绝，是最错误的说话方式，别人会以为你在自我卖弄或哗众取宠。关注对方的情绪变化，当对方有不耐烦或者焦躁、疲倦的反应时，应该及时收住话语，或给予慰问，或转换话题，或及时结束。当对方有发言、插言的倾向或欲言又止时，应该及时给对方一个机会，或问对方的意见。当对方兴致盎然时，你自然可以继续下去，间或给对方一个询问的眼神。

说话实际上是一种交流，在说话的同时，要用你的眼神、情感和对方交流并不时观察对方的反应，及时作出调整，才会有“交流”的效果，让双方都满意。

说话要有主见，不强势

说话要想言之有物，思之有趣，有思想性，就必须有自己的主见，不能随声附和别人。只懂得随声附和的女人，往往软弱怯懦，被人瞧不起；而总是坚持己见，并勉强别人同意自己的意见的女人，则更容易引人反感。

每个人都有自己的意志，都不喜欢别人勉强自己，即使是谈论、闲聊也一样；但如果只懂得唯唯诺诺，只会顾虑他人想法，总想要取悦他人更不可取。女人要怎样才能恰到好处地表现出自己的主见，而又不显得咄咄逼人、过于强势呢？

1.无论言辞如何，态度一定要温和

如果想要引起别人的重视和认同，可以用确定的词语说出自己的想法，

可以说“我确信……”“……一定可行”等。辩驳别人的观点，或者批评一个人，言辞可以激烈些，但神态一定要斯文温和，不要过于咄咄逼人。

2.有主见，但讲道理

当自己和别人出现分歧时，应有自己的主见和认识，一定要让别人明白你的意图和你坚持己见的道理，而不是一味倔强或者无理取闹。

3.必要时一定要坚持己见，坚持原则，但话语和方式要柔和

说话做事一定要坚持自己的原则，不要人云亦云，更不要因为别人的言辞而轻易动摇自己的想法，但手段一定要柔和一些。比如有选择的采纳别人的意见，将不符合自己原则的那部分剔除掉；含蓄委婉地拒绝别人的提议，用“不适合我的个人状况”显然比“不符合我的做人原则”更容易被对方接受。

4.不说不确定的话语

不要总说随便、还行、你看着办、无所谓等一切不确定话语，否则会被人认为过于懦弱，没有主见。当别人询问你的想法时，顺口提出一个建议，然后问一句“好不好？”显得更加亲切。比如“我知道一个非常不错的会馆，去那怎样？”“看电影吧，某片新上映，据说蛮精彩的，去看看？”“这种做法很好，新颖有趣，大家都能参与，太好啦！”都是很好的应对方式，既有自己的意见和想法，又不过于强势。

5.区别对待

自己可以做主的事情，就尊重自己的意愿；别人的事情尊重别人的意见；公事尽量综合众人的意见。

6.不要随时随地指导他人，他人做事不要指手画脚

除非受人所邀或者人命关天，不要提建议。总是在他人做事时指手画脚是让人非常反感的。尤其对于别人的私事或者个人工作，每个人做事都有自己的处理方法，很少有人愿意他人干涉，如果对方犹豫，一般会提出问题，要求大家的意见，这时提建议才更受欢迎。

女人要学会在忠于自己意愿的同时，尊重他人的想法，不取悦别人，更不要勉强别人，这样才能做到有主见而不强势，温和而坚持，才更有魅力。

7.低调做人，高调做事

按自己的主意办事，但是功劳要归到大家名下，失误自己来承担。做事可以拒绝别人的意见，按照自己的方法来实施，但不可直接拒绝别人，更不可轻易反驳别人的想法，尽管按自己想的去做，但不要说出来。

8.成见不可有，定见不可无

对同事不要有成见，对怎样处理一件事不可固执，不要太爱掌控一切，眼中揉不进沙子，只会让你更被动。客观地分析一切，理智作出决定，经过思考然后采纳或者拒绝别人的意见，形成自己的定见，才更可取，也更能赢得他人尊重。

9.不勉强他人

发表意见时，可以说明仅是自己的一家之言，任别人取舍，不要自作聪明，自以为高明让别人一定按照你说的去做，其实很容易招人反感。要某人做一件事时，尽量少用命令的语气和言辞，而用恳求的言辞，尤其在同级之间。

第2章 舌灿莲花，女人说话要以智取胜

在日常交际中，作为女人，说话更应该懂得灵巧变通，以智取胜，千万不要因为拙嘴笨舌办砸了事。在不同的场景中，我们都要具备临时发挥的能力，以灵巧的语言去顺应场景的变化，看清形势，在言语间拔得头筹。

巧化尴尬，打破窘境

女人说话需要多用脑子，谨慎言语，话多无益。说话时不要只顾着一时痛快、信口开河，以为听众微笑就是表示对你的肯定，你就没完没了地将一些本来不应该说的话都说了出来，结果触碰了言语上的禁区。对于自己都还没搞清楚的事情，最好不要当众说出来，尤其是那些捕风捉影的话，还有那些隐秘的话，否则最后遭殃的只能是你自己。不过，在日常交际中，有时难免会因为说得太兴奋而忘记了避开某些言语禁区，于是一时间那嘴巴就好像是决了堤的洪水，一个劲儿地说些乱七八糟的话，如此自然会惹得某些人的厌恶，面对如此场景，我们该如何挽救呢？这时最好的办法就是及时想办法，而不是让这个尴尬继续下去，甚至给自己带来麻烦。

清朝时，一位新上任的县令与其他官员初次去拜见上司，到了那里，他

想不出该说什么话。沉默了一会，忽然问道："大人尊姓？"这位上司看上去很吃惊，他看了看周围的人，勉强说了姓某。县令低头想了很久，说："大人的姓，百家姓中没有。"上司脸色惊异，说："我是旗人，贵县不知道吗？"县令又站起来，说："大人在哪一旗？"上司说："正红旗。"县令说："正黄旗最好，大人怎么不在正黄旗呢？"上司勃然大怒，问："贵县是哪一省的人？"县令说："广西。"上司说："广东最好，你为什么不在广东？"县令吃了一惊，这才发现上司满脸怒气，赶快走了出去。不久，这位县令便被借故免职了。

这是一个触碰言语禁区的案例，在例子中，那位县令不懂得说话分寸，口无遮拦，言语触碰到了禁区，而最终自己也免职了。如果你仔细分析这个案例，就会发现，那个县令除了不懂得察言观色以外，更是缺乏一定的思维应变能力，明明知道自己已经触碰了言语的禁区，但还是没能及时想出办法补救，那他最终的结果就只有被免职了。

几位同事正在办公室里讨论工作中出现的问题，这时经理身边的"红人"小李走过来了，她笑着安排了工作，并针对同事提出的问题一一做了解答。当着同事的面，张丽笑着说："小李，你太聪明了，你的智商真高，怪不得做到了助理这样的位置，羡慕啊。"听了这番"客气话"，小李有点不高兴，笑容僵硬在脸上，看见小李脸色的急剧变化，张丽觉得自己话说得比较过分了，她连忙说："其实，经理一直在我们面前夸你头脑灵活，今天一见，果真名不虚传啊！"小李听了，脸色缓和了下来，也没再说什么了，而张丽则紧张地吐了吐舌头。

在这里，虽然张丽无心说出了对小李的"嘲讽"之语，也就相当于触碰了对方内心的禁区，不过难得的是她及时发现了自己的过错，幸而及早说几句话来挽救自己，否则她应该知道得罪了经理身边的"红人"该是什么样的下场。

假如我们在日常交际中产生了言语尴尬，该如何化解呢？

1.正话反说

说话者可以利用情境的参与，正话反说，摆脱尴尬的场景。正话反说相当

于修辞格中的反语，是用相反的词语表达本意，使反语和本意之间形成交叉。

在语言交叉技巧中，反语以语义的相互对立为前提，依靠具体语言环境的正反两种语义的联系，把相反的双重意义以辅助性手段如语言符号和语调等衬托出来，使听者由字面的含义悟及其反面的本意，从而发出会心的微笑。

2.利用歧义

你也可以利用特定的场景，造成情境歧义。有时一个词语就存在着不同的含义，这时你可以巧妙地运用语言的多义，再加上具体的场景，造成歧义的效果。让听者搞不清楚你到底表达的是哪种意思，自然他也就不会将那些触碰言语禁区的话放在心里。

言语失误，妙语回天有术

俗话说："人有失足，马有乱蹄。"在现实生活中，总会出现话语失误的现象，这是不可避免的。虽然，这其中的原因各不相同，但话语失误所造成的后果却是极为相似的，或贻笑大方，或纠纷四起，甚至难以挽回。尤其是在日常交际中，假如你无心造成了言语失误，那可是相当尴尬的情形，因为有那么多人亲耳听到，你还能怎么办呢？说出去的话就犹如泼出去的水，覆水难收。但有时我们还是可以挽回场面的，这就需要敏捷的思维能力了，也就是看你脑子转得快不快了。失言是一种话语表达的错误，只要你能及时找到挽救的方法来进行补救，就能在某种程度上降低失言带来的严重后果。

司马昭与阮籍正在上早朝，忽然有侍者前来报告："有人杀死了你的母亲！"放荡不羁的阮籍不假思索便说："杀父亲也就罢了，怎么能杀母亲呢？"此言一出，满朝文武哗然，认为他"有悖孝道"。阮籍也意识到自己言语的失误，忙解释说："我的意思是说，禽兽才知其母而不知其父。杀父就如

同杀禽兽一般，杀母呢？就连禽兽也不如了。”一席话，竟使众人无可辩驳，而阮籍也由此避免了杀身之祸。

当庭言语失误，这是何等的严重，稍有甚者就会惹来杀身之祸。不过阮籍是何等的机智与聪明，他凭借着敏捷的思维及时补救了自己的言语失误，借题发挥，巧妙而幽默地平息了众人的怒气。在日常交际中，失言后首先要做的就是采取一定的补救措施或矫正之术，去缓解言语失误带来的尴尬情形，否则你只会被听众所厌恶。

有一次，纪晓岚光着膀子与几人在军机处聊天，正巧乾隆带着几个随从突然到来，其他人一见皇帝来了，连忙上前接驾，躲在后面的纪晓岚心想：如果自己就这样光着膀子接驾，岂不是犯了亵渎万岁之罪？或许皇帝并没有发现自己，还是先躲一下为好。于是，急忙之下，纪晓岚钻到了桌子底下藏了起来，其实这一举动早被乾隆看在眼里，他故意装作没看见，在椅子上坐了下来。

纪晓岚在桌子底下缩成一团，大汗淋漓，却不敢出声，过去了很长时间，他没听见乾隆说话的声音，以为他走了，就问身边的同僚：“老头子走了没有？”这话正巧被乾隆听见了，他厉声问道：“纪晓岚，你见驾不接，我且不怪罪于你，你叫我‘老头子’是什么意思？你要一个字、一个字地给我说清楚，否则，别怪我无情！”纪晓岚吓得半死，连称：“死罪！死罪！”接着，慢慢解释道：“万岁不要动怒，奴才所以称您为‘老头子’，的确是出于对您的尊敬。先说‘老’字，‘万寿无疆’称‘老’，我主是当今有道明君，天下臣民皆呼‘万岁’，故此称您为‘老’。”

乾隆听了点点头，纪晓岚继续说道：“‘顶天立地’称为‘头’，我主是当今伟大人物，是天下万民之首，‘首’者，‘头’也。故此称您为‘头’。至于‘子’字嘛，意义更明显。我主乃紫微星下界，紫微星，天之子也，因此天下臣民都称您为天‘子’。”乾隆听了，笑了，这事就这样过去了。

当着那么多的人对皇帝失言，那可是严重的事情，弄不好自己脑袋就要搬家。但思维敏捷的纪晓岚却异常冷静，镇定解释，以补救自己的失言，在回答皇上的过程中，他言语诚恳，态度谦逊，语言幽默风趣，以灵敏的应变能力巧妙地化解了话语失误带来的难堪，同时也受到了乾隆皇帝的肯定。

在日常交际中，一旦自己言语失误了，即便你尚未找到任何解决的办法，但只要能主动承认自己的失误，并向在场的听众说声“对不起”，如此定能赢得别人的理解。反之，有的人言语失误了非但不觉得羞愧，反而说得更起劲，这样的人就只能让听众生厌了。

那对于日常交际中的言语失当，该如何处理呢?

1.寻找挽救的办法

言语失误了也可以挽救，当然这其中是需要灵敏的思维以及绝妙的技巧的。比如将错话加在他人头上“这是某些人的观点，我认为正确的说法应该是……”。又或者将错就错，干脆重复肯定，然后巧妙地改变错话的含义，将本来的错误变成正确的说法。

2.诚恳道歉

如果是自己的无心造成了言语上的失误，形成了尴尬的局面，那我们应该诚恳地向对方道歉，以一份坦率的胸襟来面对自己的失误，以诚恳的态度赢得对方的认可。

打好太极术，以柔克刚

“一滴蜜比一加仑胆汁更能吸引苍蝇”。学会用和悦的态度软化他人的防备心理，用柔软的语言达到自己表达的目的，是智者最好的选择。女人说话就要“绵里藏针”，用对方的观点说服对方，以柔克刚，才是真正的聪明。女人在这方面往往有更大的优势，因为女人天生具有这方面的优势。怎样才能学会以柔克刚呢?

以慢对快。当对方情绪处于激动不理智的时候，不要争执，首先听对方把

话说完，然后再平心静气做出自己的处理。

一位女顾客挑选商品时间过长，售货员去招待其他客户，对方怒气冲冲地指责道：“你这是什么服务态度，你没看见我先来，他们后来吗？为什么扔下我不管了。”售货员耐心地把话听完，然后慢条斯理地说道：“请原谅，我们店生意忙，对您服务不周到，让您久等了，我服务态度不好，欢迎您多提宝贵意见。”温温和和的一句话，把女顾客也说得不好意思了：“我说话不好听，请您原谅。”

人们往往尊重说话温和的人，以“软”对“硬”，以“慢”对“快”，往往能够力胜千钧，以柔克刚。

巧妙处理代替强硬惩罚。一个朋友应酬过后又去参加另一个酒宴，迟到了，在座的朋友们起哄要他自罚三杯，这位再三告饶却没有效果，这时身边的女伴站出来，说道：“不然罚他给咱们唱首歌，只要不大舌头就算过关。”

一句话让差点僵住的场面重新热烈起来，众人起哄中男人唱了一首歌，笑声掌声响成一片，有时候巧妙的处理方式，往往能化解对立情绪，让对方醒悟。

以韧性取胜。中国有句古诗“君当如磐石，妾当如蒲草。蒲草韧如丝，磐石无转移”，坚韧如蒲草的女人往往能够让男人如磐石般坚硬。当你暂时无法改变一个人的想法时，不妨采用“来日方长”的手段，以韧性取胜，只要不是原则性问题，一般都能够解决。

绵里藏针。柔软并不是“软弱”，要柔和但不要优柔寡断；要委婉，但敢于真实表达出自己的意图和不满。

林肯总统对那些冗长、复杂的官样报告感到厌倦，但又不愿直接和对方起冲突，他这样表达他的反对意见：“当我派一个人出去买马时，我并不希望这个人告诉我这匹马的尾巴有多少根，我只希望知道它的特点何在。”话语之中绵里藏针，虽然委婉，但针对性地指出了报告的不足之处——繁冗、复杂、无重点。

以柔克刚就是要硬话软说，既不卑不亢，又不锋芒毕露，不容易惹起他人的怒气，又让人无可反驳，无可拒绝，是女人必须学会的一种谈话技巧。

妙言一出，巧避陷阱

面对形形色色的交际对象，不能用某种固定格式语言来应对，学会随时、随机、随人而应变的技巧，对于女人格外重要。在表达技巧上则表现为口齿伶俐，既具备快而清楚的表达能力，又要有高度灵活的应变措施，才能更轻易地避开别人语言中的陷阱和捉弄。

预备一些固定的语言小技巧，可以让自己出口的话更具有灵活性，更不容易被抓到话柄而陷入对方的陷阱，避免被对方捉弄。

给对方的捉弄找个高尚的理由。几个正在打闹的小伙子，在人群中摘下了一位姑娘的帽子，一边抛起，一边观察姑娘的反应。这时候勃然大怒显然是正中下怀，姑娘不紧不慢地说：“我的帽子很漂亮吧？”小伙子捉弄地笑道：“当然，和你一样漂亮。”姑娘接下去说道：“你是不是想仔细看看，然后给自己的女朋友也买一顶？”小伙子终于不好意思了，只好顺水推舟：“是啊，现在看完了，还给你。”

有时候别人的捉弄并没有恶意，只是一时兴起，或者玩闹过头，这时候完全没有必要动怒，显得自己没有风度。不妨给对方的行为找个好的理由让彼此都有台阶下，也避免自己的难堪与尴尬。

巧妙转变话锋。当感觉对方的话锋开始不怀好意或者针对你时，及时转变话锋或话题能够避免落入对方陷阱。某办公室八卦女在吃饭时兴致勃勃地说道：“昨天你们办公室主任和小王吵得可精彩了，整个办公区都可以听到。”然后问身边的某女：“你听到没有，知不知道为什么？是不是主任抢了小王的功？”

这时候怎么回答显然都不合适，于是女孩子话锋一转：“这么说你知道是吗？”八卦女接话“我也是听说的”。“耳听为虚，经过这么多人传话，说不定早传变形了。”巧妙地转变话锋，可以让自己避免卷入旋涡。

赞扬别人不忘眼前人。《红楼梦》中王熙凤赞美黛玉的时候就捎带上了三春，“真有这样标致的人，我今儿才算见了！况且这通身的气派，竟不像老祖宗的外孙女，竟是个嫡亲的孙女。”夸赞林黛玉漂亮的同时，夸她像亲孙女一样，等于赞三春也一样“标致”，可谓个个不落地讨好了。

在人面前赞美他人，或吹嘘自己最好也捎带上对方，以免别人听了心里不平衡而向你发难，这样赞此捧彼更不容易给自己设置障碍。

说话灵活易变动。说话有一定的灵活机动性，在交谈中很重要，否则就很容易被捉弄。比如接受别人的邀请，而无法确定具体时间，就可以灵活地说：“在十一前后，我去一趟吧，到时打电话给你。”或者：“这个月什么时候方便，一定聚一聚。”就给自己争取了很长的一段时间。面对别人“你觉得怎么样？”的问话，如果不方便表示自己的态度或观点，或不好发表意见，就可以简单地回答“这件事我听说了”、“我注意到了”而不要陈述自己的态度。

以彼之道还施彼身。当对方无理挑事时，恰当地抓住对方语言的破绽，以其人之道反治其人之身。在某次作家见面会上，一个小伙子笑嘻嘻地对女作家说：“听说你写了60多部作品，真高产啊！”女作家不设防地说：“是的。”小伙子接着讽刺道：“我能知道是谁帮你写的吗？”

女作家笑笑接着问：“这60多部作品你都看过吗？”对方不知所措地点点头，“那我能知道是谁帮你看的吗？否则怎么会看不出作品风格的一致性？”此法的“巧”处在于抓到对方话中的“漏洞”，一举扭转乾坤，才能避免落入陷阱。

学会这些技巧，不仅仅是为了保护自己的人格尊严，更重要的是“杀鸡儆猴”，让别人清楚自己有一张“巧嘴”、“利嘴”，捉弄别人往往会使自己狼狈不堪，而让人再也不敢轻辱于你。

幽默之语化解各种难题

幽默往往会以使人愉悦的方式表达出来，它就好比是架设在人与人之间的桥梁，有效地拉近了人与人之间的距离，消弭了人与人之间的隔阂。幽默的力量是不容小觑的，在现实生活中，有可能仅仅是女人一句风趣的话，就可以化解身边的各种难题，诸如尴尬、窘境，等等。幽默是人类独有的特质，是智慧的体现，因为它可以化解许多人际间的冲突或尴尬的情形，可以化怒气为豁达，同时还会给身边的人带去许多的快乐。在生活中，那些富于幽默的女人走到哪里都是一道亮丽的风景线，于是，幽默在无形之间不仅为女人增添了形象分，而且在化解难题的过程中尽显女人的智慧。

章小姐打算借用朋友的豪华别墅举办一次晚会，当活动即将开始的时候，助理笑笑却急匆匆地跑来，一脸的自责表情，说："在我们购买东西回来的时候，苹果不知道什么时候掉了一袋，剩下的可能不太够用，这里离市区那么远，怎么办呢？"

章小姐灵机一动，笑了笑，只是轻声地问道："有没有哪一种东西准备多一点的？"助理笑笑回答说："小点心准备得很多，应该还会有剩下的。"听到这样的答案，章小姐松了一口气，拍了拍助理笑笑的肩膀，安慰道："没关系，有我呢。"

晚会开始了，人们都看到前面的苹果盘前面放了一块小盘子，上面写着："上帝正在看着你，请别拿太多了！"大家看到了，忍不住笑了，都很小心地拿了一个苹果，走了几步又看到放小点心的盘子前也立了一个牌子，上面写着："不要客气，要多少拿多少，上帝正忙着注意前面的苹果呢！"看到这样几句话，大家都笑得弯下了腰，当然，这场晚会虽然缺少了一些苹果，却让宾客尽兴而归。

在这个案例中，不难发现章小姐确实是一位风趣的女主人，当晚会现场出现了一点纰漏的时候，她却灵机一动，想到了一个幽默的方法，如此方式，怎

能不叫人满意呢？幽默的力量，不仅仅在于化解困境，更关键的在于在化解尴尬的同时能带给我们快乐。人生就好比一张白纸，我们可以乐观地在这张白纸上画出美丽的色彩，也可以悲观地画出沉闷的黑色基调，不过，只要我们心怀温暖，乐观积极，那我们就能用幽默来驱散内心的不快，让自己成为一个无比快乐的人。

有一次，齐白石在看护伍德萱的陪伴下参加新凤霞的“敬老”宴会，在场都是很多文艺界名流。齐白石很早就听到新凤霞甜美的唱段，见到本人后，紧紧地握住新凤霞的手，从上到下，仔细地端详、凝视着新凤霞，引起了对方的尴尬。他的看护提醒他：“你总盯着人家看什么呀？”此举惹得齐白石颇不高兴，反驳道：“我这么大年纪了，为什么不能看她，她生得好看。”说完脸都气红了，伍德萱也一时不知所措，这时新凤霞笑着说：“齐老，您看吧，我是唱戏的，不怕看。”旁边的人也凑趣道：“老师喜欢凤霞，就收她做干女儿吧！”几句趣话真的促成了一段佳话。

可见，交际中若遇到尴尬场面时，能做到审时度势，准确把握双方的心理，然后运用说话技巧，借助幽默风趣的话语及时出面打圆场，化解尴尬，维护交际活动的正常进行，就显得十分重要。

春运期间，一个汽车站的售票厅里，许多旅客都在排队购买车票。突然有一个西装革履、头戴大礼帽、手持文明棍的男人挤到了队伍的最前面，大声地指责售票员的效率太慢，耽误了他的时间。无礼地要求先让他买票，并且十分傲慢地说：“你知道我是谁吗？耽误了我的时间你可赔偿不起，赶紧先把我的车票办理了！”

这时，售票员小艾平静地抬起头来，通过话筒对着后面排队的顾客们说：“旅客朋友们，这位先生需要我们的帮助，他现在已经不知道他是谁了，请咱们帮他想想……”旅客们听了都不禁开怀大笑起来，对售票员小艾机智幽默的拒绝纷纷竖起了大拇指。那位自高自大的人顿时羞耻得满脸通红，只好悻悻地回到到后面，依次排队。

这位无理取闹的旅客无疑实在炫耀他的社会地位，但是售票员小艾却没有反唇相讥，而是从他的话语里寻找到破绽，用诙谐幽默的回答拒绝了他插队买票的想法。在交际的场合中，难免会遇到一些让人感到窘迫和尴尬的事情，在这种情况下，风趣女人那急中生智的幽默是化解狼狈的最佳方式。

幽默是人际交往中的润滑剂。美国心理学家赫布·特鲁说："幽默可以润滑人际关系，消除紧张，减轻人生压力，使生活更有乐趣。它把我们从个人小天地里拉出来，使我们一见如故，寻得益友。它帮助我们摆脱窘迫和困境，增强信心，在人生的道路上知难而进。"所以，我们说幽默是一种奇妙的沟通方式，只要在一次沟通中融入了幽默的元素，那这次沟通就是愉快的、令人愉悦的。

幽默可以帮助女人成为真正的社交家。幽默是生活中的必需品，也是社交场合中最佳的调味剂。它能反映出了一个女人冷静豁达和乐观的心态，这种心态会通过幽默的方式来感染身边的每一个人。当一些尴尬的事情发生时，往往一句幽默的话就能够让些许的不快轻轻抹去，让人们的心情和处境得到有效的改善，在善意的微笑之中摆脱不愉快的气氛和心情。

女人说话前要善于察言观色

每个女人都想成为受人人欢迎的善解人意者，但是常言道："画龙画虎难画骨，知人知面不知心。"人心即人意，深藏在外表之内，如何才能准确揣摩他人的心思、走进他人的内心世界呢？这就需要察言观色，通过细致入微的观察来捕捉人心、揣摩人意。

每个人的秉性、脾气、学识、地位、身份各有不同，言行举止也各有差别。有的人不善伪装，表里如一，如水一般可以一望到底，和这样的人相交无需多费心力。但是社会的复杂、人心的难测，令更多的人学会了自我克制和自

我隐藏，他们喜怒哀乐不形于色，甚至表里不一，令人难以捉摸。但是假装也好、隐藏也好，城府再深的人言行举止之间也总会有迹可循，善解人意的女人凭借深邃的目光、敏锐的感觉、缜密的心思，总能够从说话者不经意间流露出来的蛛丝马迹里寻找端倪，在察言观色中识得人心。

察言观色是良好沟通的一个重要技巧，为什么有的女人三言两语就能说到对方的心坎上，而有的女人越说越乱，别人越听越生气？这是因为聪明的女人善于从对方的言语之中听出“言外之意”，能够从对方的姿势、表情之中领会到对方的真实意图，了解对方的心意，顺着对方的心思，自然就能够走入对方的内心世界。其实察言观色并不是什么高深莫测的东西，说到底它不过是对外界信息的筛选和判断能力，要想提高这种能力，就必须要有细致入微的观察和善于体谅他人的心灵，前者需要在日常生活中经过锻炼而逐渐提高，后者则需要通过不断提升自我修养与素质来逐渐养成。

安妮大学毕业后被一家大型公司录用，担任采购部经理助理一职。初入职场，安妮什么都不会，课本中所学的知识和技巧，在处理日常事务和价格谈判中根本毫无用处。安妮心中烦恼，但一时又不知从何做起。

这天，她在家中翻阅《红楼梦》一书，其中有这样一段文字吸引了她的注意：“一时宝钗取了衣服回来，只见宝玉在王夫人身边坐着垂泪。王夫人正才说他，因宝钗来了，却掩了口不说了。宝钗见此光景，察言观色，早知觉了八分，于是将衣服交割明白（离开）。”

《红楼梦》中，安妮其实最喜欢薛宝钗，她天资聪慧，但是却不像林黛玉那样恃才自傲。当安妮看到“察言观色”一词，心中豁然开朗。既然自己是职场新人，不如先观察“老人们”是如何工作的，从中学习经验与技巧。于是从此之后，安妮学会静静观察同事们的一举一动、一言一行，不仅很快学会了与客户沟通的技巧，同时对身边同事的性格与脾气也有了深入的了解，和每个人都相处得很好，很快，安妮就成为了大家都喜欢的乖巧女子。

但是这乖巧女子谈起生意来却也令人刮目相看。有一次，公司要采购一批原材料，但是由于价格问题和供货商相持不下，所以会议开了一整天也毫无结果。第二天，进公司商议讨论，在价格上做了一点让步，当对方听到新价格时，眼神突然亮了一下，虽然转瞬即逝，但是却没有逃过一直认真观察他面部表情的安妮的眼睛。

尽管对方坚持这个价格还远远没达到他们的要求，但是安妮悄悄给经理写了一张字条，让他一定坚守这个底价，经理听从了安妮的建议，最后双方以这个价格成交。后来，安妮的谈判技术越发炉火纯青，她在谈判席上善于察言观色、揣摩人心，总能为公司争取到最大的利润和优势，因此没过多久，便被提拔为总经理助理。

薛宝钗因善于察言观色而受到贾府上下所有人的喜爱，安妮也学到了这一招，不仅使自己在同事中深受欢迎，并且也成就了自己的事业。古人说："世事洞明皆学问，人情练达即文章。"要想洞明世事、通达人情，就必须练就一双善于观察的"火眼金睛"，从人们的仪表、谈吐、神情和举止中读懂他人的心。

或许有人认为善于察言观色的女人过于狡猾，是"老奸巨猾"的代名词。其实与能够听出他人的言外之意、了解他人真实意图的女人相处，会多很多的情趣，少很多的麻烦，而一个眼神、一举手、一投足之间便能理解你心意的女人，不正是人们心目中好女人的标准之一吗？

妙用自嘲化尴尬为融洽

如果说男人拿自己开涮是最爷们的表现，那自嘲则是女人最可爱的地方，试想，一个心思细腻的女孩子以何等宽阔的胸襟才能拿自己开玩笑呢？这样的女人自然是非常可爱的，且讨人喜欢的。在平时的交际中，难免会出现我们预料之外的事情，这让我们无法掌控事情的发展，稍有不慎就会陷入极端尴尬的境地。当你认为对方喜欢喝茶就一起邀约去茶楼，却在谈话间偶然得知他是喜

欢喝咖啡的；当打扮得很漂亮的自己正准备在公众面前好好表现一番的时候，却不料自己出了件糗事；当大家聊天正在兴致上的时候，不知所情的自己突然说错了一句话，使整个热闹的场面冷了下来。当这样的情况出现的时候，你原来已经准备好的应对措施已经完全忘记了，也许一下子就会陷入难堪的窘境，恨不得找个地缝钻下去。而会说话的女人就会妙用自嘲，化尴尬为融洽。

自嘲就是自己开自己的玩笑，自嘲并不是自贬身价，也不是自轻自贱，更不是为了自取其辱。其实，自嘲是一种自我谦虚，是自我曝光缺点，也是自我的一种调节，所以自嘲是不同于那种低级趣味的玩笑。

某女作家写作太累，在开会时睡着了，没想到，她的鼾声大起，逗得与会者哈哈大笑，她醒来发觉大家在笑自己。一位友人说："身为一个女人，你居然能打出这么有水平的'呼噜'！"她立即接茬说："这可是我的祖传秘方，高水平的还没有发挥。"大家听后更是乐成一片。

这位女作家妙用自嘲的方式成功转移了听众的注意力，化解了自己的尴尬，并且以退为进，这样就会让身边的人更加欣赏她的率直和幽默，她也赢得了人际关系的成功。当然，妙用自嘲的女人必定是热爱生活，并且拥有一定生活情趣的。如果你没有对生活的那种热情，就不会去发现自己的可笑之处，也不会觉得自己身上有什么可笑的，更不会通过自嘲的方式来挖掘出自己的可笑之处。因此，那些不热爱生活的女人，她们不会去找快乐，更不会在自己身上找乐，她只会通过取笑他人来获得快乐，而这样的女人是不受欢迎的。

自嘲的女人是最可爱的，不信你看：

女人可以开开自己的玩笑，"幸亏我还有一点笨，否则像我这么漂亮又好脾气的女人，哪还有人敢要？""不是有句歌词叫'我很丑，但我很温柔'嘛，大家一看就知道我肯定是个倍温柔的女人。"对自己的缺陷表现得越不在乎，越坦然不讳言，越能得到别人的尊重，这样的自嘲往往能让别人对你多几分好感和佩服。

有时候，当别人说话带刺的时候，我们在自嘲的时候，也可以打趣对方一番："见识浅短的女人！""嗯，大概是头发太长的原因，不都说'头发长见识短’嘛，不过好像你比我的头发还长啊！”

对着穿高跟鞋的女人不妨打趣一番，“看我这么‘小巧玲珑’，就是个‘小人’，倒是您这高头大马的‘大人’，怎么还要计较‘小人’的过错呢？不会是脚底下‘掺水’了，实际上也是个‘小人’？”明里暗里的一番打趣嘲笑，也不会让对方动怒，才是最好的反击方式。

俗话说：“人生不满百，逆境常八九。”当出现这种情况的时候，聪明女人要学会面对现实，及时调整好自己的心态，需要“拿得起，放得下，想得开”，在尴尬气息充斥身边的时候，不妨对自己来点自嘲，以化解矛盾，平衡自己的心理，把自己从窘境中解脱出来。当然，自嘲的基础其实就是自信，不自信的女人是没有办法拿自己开涮的，有了满满的自信，才敢自曝家丑，同时博得他人的喜欢。

1.自嘲也是一门艺术

自嘲是一门艺术，它不仅仅是为大家带来了快乐，同时也愉悦了自己的心情。聪明的女人懂得自嘲，因此她们在与人相处时常常能建立极为融洽的关系，使自己更加受欢迎。

2.自嘲的女人是可爱的

当林肯曾经拿自己的长相开玩笑“一个妇女说我长得丑，我申辩说不能怪自己，那位妇女反驳说，原来不怪你，但是你出门就怪你了”。当我们听完林肯这番自嘲，谁会觉得林肯丑，而只是会觉得他很可爱，非常平易近人。

第3章　慧心美言，女人这样说话大受欢迎

古语说：“美玉藏于深山，人不知其美，黄金埋于地下，人不知其贵。”一个优秀的女人，如果不善于言辞，就会失去表现自己的机会，在交际场合中也不会受到别人的重视，更别说大受欢迎了。那么，女人如何说话才会大受欢迎呢？

女人说话不要精明外露

女人太精明就像花朵非要长出尖刺，无端惹人厌烦。懂得不露锋芒，适时装装傻，娇憨一些的女人才会更受欢迎。一个女人领会了大智若愚的神韵，说话就不会咄咄逼人，而懂得巧妙地替人遮羞、自嘲或者幽默地反唇相讥，看似痴愚迟钝，实则更贴合人心，而且不会授人以柄，这样才更能彰显一个女人的智慧和幽默。

怎样“装傻”来避开尴尬的局面，维护自己的尊严、他人的面子，而且不会让人觉得咄咄逼人呢？

1.把对方的话引向更荒诞的方向

宋高宗时，有个御厨将没煮熟的馄饨就呈给了皇帝，结果被下了大狱。不久，宴会上有杂戏演员演相声，互问对方的生辰，一个说“甲子生”一个回

“丙子生”，这时丞相大人站起来说“这两个人都应该下大狱。”皇帝问为什么，丞相不紧不慢回道“甲子、饼子都是生的，不应该与馄饨没煮熟同罪吗？”皇帝大笑，于是释放了先前的御厨。

对于对方荒谬的逻辑、结论或无理要求，不妨做出夸张或更荒谬的假设，从而达到反驳对方的目的。

2.就对方表面的意思作答

应对别人有深意的挑衅时，不妨只从对方话语的表面作答，不理对方话中的其他含义，反而能够出奇制胜，避免双方陷入更糟糕的境地。比如苏联卫国战争初期，一些驰骋疆场的老将对于年轻的军事家看不惯，不禁语出讥讽：“为什么派你跟我们一起去？是想来教育、监督我们这些老头子吧？白费劲！你们在桌子下跑的时候，我们已经率领着成师的部队在打仗了。别自以为了不起，革命开始的时候，你才几岁！”

不料年轻的将领老老实实地答道：“那时候，刚满10岁。”这一回答，让人生出一拳打在棉花上的感觉，愤怒自然无法发泄，从而保证了双方的和谐。

受辱之时装“憨相”，大象无形有时反而是最聪明的应对之策。曾有个女孩子因为自作主张引起了女上司的不满：“你以为你是谁？你算老几？”女孩憨憨地笑答道“我在家行二”，引得同事大笑不已，上司哭笑不得，一场风波终于止息。

3.故意曲解对方话中的含义，答非所问法

当对方的问题或话语不善，故意贬低或嘲讽自己的时候，可以故意偏离逻辑规则，不直接回答对方提问，而在形式上响应对方语言，通过错位造就幽默效果，维护自己的尊严。比如在某次联合国会议休息期间，某发达国家外交官问一位非洲国家大使：“贵国的死亡率一定不低吧。”对方巧妙地答道：“跟贵国一样，每人一次。”

答非所问讲究的是抓住表面某种形式上的联系，不留痕迹地避开实质层面上的回答，中断对话逻辑上的连续性，从而跳出被动的局面。

比如某些人不想泄露自己的隐私，往往会答“从来处来”“和你薪水一

样多”之类。明星在隐私问题上的回答也往往只是“我们是很好的朋友”之类既模棱两可，又避开实质性问题的方法，不尖锐，也不遮遮掩掩，让人无可挑剔，但却什么都没说，才是高明的装傻手段。

4.装作没听到

这是最简单的一种应对方式。运用得好则可以达到打破窘迫局面，化干戈为玉帛的目的。在某次失误以后，愤怒的上司把下属们聚在一起，责问：“问题究竟出在哪里，出在谁身上？”，这个时候，洗清自己未免有争功诿过之嫌；而把错误揽到自己身上，无疑会受到更多责难。某个女下属沉默了一下，并没有回答这个问题，而是直接说：“这个错误不大，我可以修改一下，说不定会有不同的效果。”显然比起追究责任来，怎样弥补过失，继续下去更重要，于是几个下属都轻松过关了，她也受到了同事们的尊敬和感激。

“装傻”是一门艺术，最终的目的是通过它达到缓和气氛、变换话题或者反唇相讥的作用，让人觉得你聪明而不尖锐，精明而不刻薄，才是最好的表达方式。

如何找到一个好的话题

我们要想与陌生人建立起良好的人际关系，那么双方之间的语言交流是必不可少的。然而，在很多时候，我们与陌生人之间的语言交流虽然关键，也是最容易出现问题，这里就涉及是否选择了一个合适的话题。如果你选择了一个对方不是很感兴趣的话题，那就有可能造成四目相对无言、气氛尴尬的局面；如果你选择了一个让对方感兴趣的好话题，那么就可以让他畅所欲言，进行更深层次的交流。因此，在与陌生人进行交谈时，最重要的是选择一个让对方感兴趣的话题，这样更容易打开对方心扉，拉近彼此的距离。

当我们面对陌生人时，必须有一个同陌生人交谈的愿望，只有你乐于与陌生人进行交谈才能够使你们的谈话愉快地进行下去。有很多人在面对陌生人的时候，有一种畏怯心理，或者是防备心理，于是他们见到陌生人就会一言不发。这对你的人际交往是极为不利的，要想与陌生人继续交往下去，首先你自己就要克服自己的胆怯心理、防备心理。只有以自己的真心才能换回陌生人的友谊，你可以回忆一下，即便是现在和你最熟悉的老朋友，但在你们刚认识的时候，不也是陌生的吗？如果你一味地拒绝与一切陌生人谈话，我们就不会有自己的朋友。因此，要有一种与陌生人交谈的欲望才能够使你专心致力于选择一个好的话题。

初次见面，双方都希望尽快消除彼此的生疏感，缩短双方之间的情感距离，建立起良好的关系，同时也希望自己能在对方心中留下一个好印象。因此，选择一个好的话题，往往能够解决这样的问题。那么，如何来选择一个让对方感兴趣的好话题呢？

1.从对方的兴趣谈起

每个人都有自己的兴趣爱好，而这一兴趣爱好往往是自己引以为傲，或者是最擅长的一方面。通常来说，如果你能把话题巧妙地引到对方的兴趣爱好上面来，那一定能够消除对方的陌生感，激起对方谈话的兴趣然后顺利地进入正式话题。

2.巧妙提问

你在与陌生人交谈的时候，可以先巧妙地提问，在通过对他有了一定的了解之后再进行有目的的交谈，这样便能够使你们的谈话顺利地开展并进行下去。比如，你在宴会上遇到陌生的同桌，你便可以询问一下对方："您和我们的总经理是亲戚呢？还是朋友？"不管对方回答的是哪一个，你都可以继续你们的话题交谈下去。即便是对方与总经理的关系不是你所说的这两种，那么你也可以与对方进行另外的交谈。

3.即兴而起

有时候，你事先准备的话题也许并不适合坐在你对面的陌生人，那么你不

妨即兴另起一个话题。你可以巧妙地借助你们谈话的时间、地点以及人物作为话题的材料，借此引发交谈。比如，你对在路边支摊的妇人说：“这天气转凉了，出来逛的人也越来越多了，你们这生意肯定有所好转了。”这样一句话，就可以引来她向你讲述在外面摆摊那种露宿街头的艰辛生活。

4.先从对方谈起

当你面对一个陌生人的时候，你不妨把话题先从对方身上谈起，你可以解析一下对方的名字，你可以赞赏一下对方今天的穿着打扮，你可以赞美一下对方的亮丽外貌。这些都可以从对方的第一次见面就能获得的信息，你可以充分地加以利用，引起对方谈话的兴趣。

（1）解析对方的名字

初次见面，双方之间必然要作一下自我介绍，当对方说出他的名字的时候，你不妨顺势解析一下对方的名字。因为对于每个人而言，名字并不仅仅是代号，而是一个人的象征。而且，中国文化博大精深，这就使得很多人的名字有着特别的意味。他们有的名字可能是寄予未来美好的愿望，也有可能预示着前途无量。因此，你在倾听对方作自我介绍的时候，不妨顺势解析一下对方的名字，比如，面对一个叫“建领”的朋友，你不妨巧妙采用“高屋建瓴，顺江而下，可攻无不克，战无不胜，真是意味深远啊！”这样一说，无疑让对方心情愉快起来，也会对你敞开心扉。

（2）赞赏对方的装扮

你还可以对他的穿着打扮进行适当赞赏，因为对于每一个人来说，都希望自己的装扮能够得到别人的认同。比如，你面对穿着时尚而又大方的朋友说：“你这身装扮真是毫无挑剔，直接引领了这一季的时尚潮流，而且又简约大方，跟你的气质非常相衬。”在你这样几句话的赞赏下，她就会消除防卫心理，进而对你产生一种好感。

（3）赞美对方的外貌

每个人都对自己的外貌或多或少地感兴趣，对于绝大多数人来说，更是对自己的外貌有着极为浓厚的兴趣，他们更希望得到这样的赞美“你真是有魅力”、“你很漂亮”、“你的气质真出众”。因此，你在与对方交谈中，恰当地从对方外貌谈起，这的确是一个不错的交际方式。比如，你在面对一个极有风度的朋友，你可以这样说：“早就听说过你的大名了，今日一见，果然是与众不同。”

总而言之，我们要想选择一个让对方感兴趣的话题，那么切入点就要放在对方身上。这样既让对方感到尊重，又会轻易地勾起对方谈话的欲望，这对于双方之间的交流是非常有帮助的。

让语言为你的印象加分

生活之中我们免不了要和陌生人打交道。很多人在和陌生人第一次见面的时候，心里就会感到紧张和畏惧，面红耳赤、不知所言，让本该高兴热烈的场合变得十分冷清和尴尬，这样不仅让人感到扫兴，还会影响到自己在对方心中的形象。

中国有句古话叫做：“乐莫乐兮新相知。”每一个朋友都是在陌生中逐渐熟悉的，忠贞不渝肝胆相照的朋友也多数是在陌生中建立。由陌生到熟悉是需要一个过程的，而这个过程是和说话分不开的。好的口才能够迅速地引起对方的兴趣，拉近彼此间的心理距离，最终形成伟大的友谊。因此，在我们和陌生人见面的时候，除了在服装和仪表上注意一下之外，还要懂得如何说话，从而为以后的交往打下良好的基础。

王熙凤作为荣国府的总管凭借的并不仅仅是和王夫人之间的姑侄关系，最重要的是嘴巴上的功夫，迎来送往中，所说的每一句话都让人感到亲切和随和，初次见面，短短的几句话就可以拉近彼此间的距离，很快就能和人成为莫逆之交。比如在林黛玉进贾府的时候，王熙凤短短的几句话就征服了这位孤傲

清高的冷美人：

“这熙凤携着黛玉的手，上下细细打量了一回，仍送至贾母身边坐下，因笑道：‘天下真有这样标致的人物，我今儿才算见了！况且这通身的气派，竟不像老祖宗的外孙女儿，竟是个嫡亲的孙女儿，怨不得老祖宗天天口头心头一时不忘。只可怜我这妹妹这样命苦，怎么姑妈偏就去世了！’”

如此亲切而又热烈的话一说出口，哪怕林黛玉下车之前有过多少的戒备心理，哪怕她的性格是目下无尘，此时此刻心中想必会有一股暖流流过，即便没有太多的感动，至少也不会对这位表嫂产生反感。王熙凤的话不多，但是却传出了很多重要的信息，第一是夸林黛玉长得漂亮；第二则是在传达认同的情感：我们是不会把妹妹当成外人的，这里就是你的家，不用那么客气和生分；第三又巧妙地赞美了贾母：老祖宗深仁厚泽，对这位素未谋面的外孙女同样有着极深厚的感情；第四，又对贾府的几名小姐进行了一番见解的夸奖“这通身的气派，竟不像老祖宗的外孙女儿，竟是个嫡亲的孙女儿”，让在座的迎春探春熙春听了，觉得能和林黛玉并驾齐驱，从而心里美滋滋的；第五，又含蓄地称赞了王邢两位夫人，夸奖她们教女有方。这位“琏二奶奶说话”的功夫，确实达到了炉火纯青的地步，难怪能够在尔虞我诈的荣国府中坐稳管家的交椅。

面试并不是容貌和仪表上的评审和考试，而是一场语言的较量和竞争。在面试的过程中，一个人的容貌可能会和别人稍逊一筹，但是通过漂亮的语言照样可以为自己加分，轻轻松松之间就能俘获评委的心，从而转败为胜。

1.让语言为你的印象加分

在社交活动中，一个人的言行通常会给人留下第一印象。其中，容貌所产生的印象是直接的，却并不是最重要的。事实上，一个人优雅的谈吐，得体的语言，漂亮的表达往往能让人在对你的印象上打上一个较高的分数，也会很自然地在心里去赞赏和认可你。

2.给语言加点“颜色”

语言不仅仅是表达信息的手段，它还见证了一个人的气质、精神状态和心理特征。特别是和陌生人在一起，美丽的语言所起到的作用是十分重要的，它能够给你的事业以及交际上带来意想不到的收获。所以，在平时的生活中，我们要多为语言加点“颜色”，让美丽的语言为自己加分。

一开口就受人欢迎

俗话说：“酒逢知己千杯少，话不投机半句多。”在我们的生活中，免不了要和形形色色的人打交道。每个人都想在对方的眼里留下美好的印象，从而建立起一份珍贵的友谊。面对一些素昧平生的人，仅仅靠个人的外貌、举止、服装等等外在的东西来变现是远远不够的，最重要的还是要用出众的口才来提升你的魅力，让别人对你产生欣赏和赞美之情，愿意和你交谈，做朋友。好的口才是女人的一大优势，不仅能够体现个人的气质，更重要的是，能够让别人的眼前一亮，在兴奋、温暖、惬意等心情下对你有一种相见恨晚之感。

赵新是一家小公司的负责人，虽然他的资产并不是多么雄厚，在同行中的实力也不是最好的，但是他却能够在商海之中屡战屡胜，不仅为自己赢得一份份的订单，还和不少人成为了好朋友。

有一次他去一个老板家里谈生意，正好碰见老板父子在吵架。只听老板骂道：“赌博赌博，越赌感情就越薄！你和你那一帮狐朋狗友整天在一起赌钱，早晚会出事不可！我到赌场里去，十次就有九次能看见你在那里赌钱！”老板的儿子听了，反唇相讥：“你去十次，九次看见我，说明我比你还少一次！你这不是‘乌鸦掉在猪身上——只看见人家黑吗？”老板听了，气得敲桌子，大骂儿子没有规矩，又向赵新道歉说：“让谢总见笑了，这孩子都让他妈给惯坏了。”赵新说：“您这是说哪里话呀，其实这位小兄弟并没有你说的那么坏，我倒觉得他是个能成大器的人，别的不说，就这份机智一般人是比不了的。”这一句话就说到了老板的痒处，老板又是谦逊又是炫耀地说：“赵总过奖了，

俗话说‘玉不琢，不成器’。我这个儿子，鬼聪明还是有的，只不过不愿意经受磨炼罢了。这件事我们以后再细谈，先喝酒，先喝酒。”结果，当天晚上，宾主三人频频举杯，最后尽欢而散。临别时，老板把谢辉送了很远。

拜访别人，却赶上对方父子正在争吵，这本来是一件十分尴尬的事情，但是赵新却轻松地化解了这分尴尬，既维护了那位老板的家庭和睦，又给了老板一个台阶下，让那位老板对他不胜感激，产生了好感。

在社会交往中，每个人都愿意让别人对自己产生好感。其实，我们可以从说话开始做起，用漂亮得体的语言来让对方的眼睛为之一亮，同时也给自己在对方心中的形象加分。那么怎样做才能够让别人的眼前一亮、对你产生好感呢？我们在说话的时候可以从以下几个方面来注意一下：

1.多说亲切的话

如果你说的话尽是一些枯燥无味的大道理，或者满嘴的“阳春白雪”，经常说一些文绉绉的话，就会让别人觉得你过于伪装，从而在内心疏远了你。比如在和别人寒暄的时候，说一些“路上没有堵车吧”“最近还好吧”之类的话，就会让对方觉得你把他当成了朋友，对你产生亲近感。

2.偶尔说点俏皮话

如果一个人整天不苟言笑，讲话也只注重信息的传达，对所谓的“废话”“套话”没有丝毫兴趣，那么他所说的话就会是干巴巴的，听他讲话简直就像走进了坟墓一样，没有丝毫的情趣可言。如果一个人在交际场合能够适当地插科打诨或者讲一些无伤大雅的笑话，那么别人就可能愿意去接近他，把他当成可以交往的朋友。

3.热情诚恳地说话

美丽的语言是需要一定的感情做基础的，如果失去了热情和诚恳的铺垫，任何美妙的语言在别人听来都会如同嚼蜡，毫无滋味可言。我们不妨试想一下，当一个人板着面孔说些“你今天的穿的衣服颜色很漂亮的”时候，将会是一种什么样的情形？因此在我们和别人说话的时候，一定要在言语之中传递出你的真诚和诚恳，对方也会觉得你是一个十分重感情的人，对你的印象自然而然也就加深了。

4.说话勿以自我为中心

在我们和别人进行交谈的时候，一定要注意对方的存在，讲出来的话要让双方都有兴趣去听，只有这样才能完成和别人有效的思想沟通。如果在讲话的过程中，滔滔不绝地向别人讲述自己的性格爱好、人生历程之类的话题，有耐心的听者还能保持一种必要的礼貌去做倾听的姿势，没有耐心的人说不定早就转身走了。假如你说话太以自我为中心的话，就会给别人留下一个轻浮、自大、自私的形象，从而认为没有和你继续交往的必要，那么加深印象、提升人气的话，就只能成为一句空话了。

投其所好，对症下药

聪明的女人在交际中总是能够轻易获得别人的好感，这是为什么呢？并不是因为聪明的女人天生就会讨人喜欢，而是因为她们在很多时候，对他人能够巧妙地“对症下药”。我们常常会发现，当你与人交流时，如果你能说一些对方喜欢说的话，那么对方就会很乐意与你谈话，并且在这时候，如果你要寻求什么帮助的话，对方也一定会倾力而为。打动人心的最佳方式，就是跟对方谈论其最感兴趣的最喜爱的事物，也就是所谓的“投其所好”。投其所好是一门艺术，也是一种难得的智慧，它更是人与人进行沟通的秘诀。

曾经有一位老妇人去向哈维推销保险，当时所有知情的人都认为她会失败，可是没有想到，最后她成功地向哈维推销了一份保险。她是怎么做到的呢？

她见到哈维，就以一个善良的微笑和温暖的握手解除了哈维的“武装”，等到哈维愿意坐下来听她讲话时，她就立即从随身的包里取了一份杂志来。那

是一份全年的由哈维主编的杂志《拿破仑·希尔的黄金定律》，当老妇人看到哈维诧异的表情时，她便开始滔滔不绝地向他谈起其读杂志的感受，并且巧妙地赞誉他“所从事的，是今天世界上任何人都比不上的最美好的工作”。于是，她说的每一句话，在哈维听来都是很迷惑人的。她整整“迷惑”了哈维45分钟，直到交谈的最后三分钟，那位老夫人才随意地谈起了自己所推销的保险的长处。最后，老妇人赢得了哈维的投保订单。

老妇人善于发现哈维的闪光点，并且从自己理解的角度真诚地去赞美哈维，她的“对症下药”首先就赢得了哈维的好感。而在最后的几分钟，她才把自己的工作娓娓道来，所以成功地推销了一份保险。很多卓有成就的推销员都是靠自己在谈话中恰当地使用“投其所好”，拉近自己与客户的距离，才把自己的产品推销出去的。在我们平时的谈话中也是一样，怎么才能拉近彼此的距离呢？那就是你找他感兴趣的话题说，或者善于发现对方的闪光点，或者是把话说到对方的心坎上，那么你就会发现你们的谈话可以非常愉快地继续下去，并且很有可能因此成为朋友。

春秋时期，陈国国君灵公有一次在夏徵舒家里饮酒，几人一边喝酒一边闲聊。当时他看到孙宁、仪行父的时候，就想嘲弄他们。于是他对孔宁、仪行父两大夫说：“徵舒像你俩。”两大夫也不客气地回敬说：“也像您。”不言而喻，其意是指三人均和夏徵舒的母亲“有染”。结果，陈灵公被夏徵舒用箭射死。

陈灵公在说话的时候非但没有“对症下药”，反而在谈话之际对别人嘲弄，于是，引来别人的嫉恨，最后连自己的命也搭了进去。所以，在平时谈话中，如果你想获得别人的好感，获得别人的青睐，尽量做到投其所好。如果你不知道怎么做到“对症下药”？那么你可以在与他交谈之前，通过他的朋友或是他身边的人来对他有一个大致的了解，比如他的性格，他的爱好，他的优点。这样，你就会在谈话中游刃有余地对他“下药”，或是针对他的优点赞赏一番，或是迎着他的性格说些漂亮的话，或是把他所爱好的事物在他面前随便说说。这样就会无形中拉近你和他之间的距离，或许就能赢得对方的好感，甚至愿意与你有下一次的交谈。

1.到什么山上唱什么歌

聪明的女人要明白这样一个道理："对失意人，不谈得意事；处得意的，莫言失意时。"对人说话，稍微注意"投其所好"。如果你在与人谈话时，只挑自己感兴趣的话题，或者不恰当地谈起对方心里的要害之处。那么，谈话就会显得无聊至极，特别是你谈到他的痛处，他不仅对你没有什么好感，还会增加对你的厌恶，因为你的话无形之中像一把利剑刺入了他的心脏。

2.抓住对方在意的话题

聪明的女人，学会抓住对方的闪光点，发现对方美好的一面，并且真诚地赞美别人，寻找对方的兴趣点，从对方感兴趣的话题或者是事物着手，你就会发现这将成为你们共同的话题而不是你一个人在那夸夸其谈。从他人的闪光点和兴趣出发，来建立你们之间良好的关系，这会成为你交际中的一把钥匙。

适时沉默的女人不吃亏

有的女人很喜欢在公共场合发表言论，可是常常是等她说了半天，大家还不清楚她的意思。她其实是在自己心里稍微有点想法就开口了，于是，在那里东拉西扯了半天，也没有清楚的逻辑，让人听了摸不着头脑。特别是一些公共场合，或者是公司的大会上，女人千万不要头脑发热，自己在没有清晰的表达思路时，就开始发表意见。那是一种鲁莽的行为，因为你的思路没有清晰，就不可能表达得很清楚，而且有可能你说到中途，思路就断掉了。这不仅没有达到你发表意见的初衷，也会使自己陷入尴尬的境地，那样就得不偿失了。

楚庄王继位近三年以来，他不仅整天打猎、喝酒，不理政事，还在宫门口挂起块大牌子，上边写着："进谏者，杀无赦！"这一天，大夫伍举进见楚王。楚庄王手中端着酒杯，口中嚼着鹿肉，醉醺醺地观赏歌舞。他眯着眼睛问

道："大夫来此，是想喝酒呢，还是要看歌舞？"伍举话中有话地说："有人让我猜一个谜语，我怎么也猜不出，特此来向您请教。"楚庄王一边喝酒，一边问："什么谜语，这么难猜？你说说。"伍举说："谜语是'楚京有大鸟，栖上在朝堂，历时三年整，不鸣亦不翔。令人好难解，到底为哪桩？'您请猜猜，不鸣也不翔。这究竟是只什么鸟？"楚庄王听了，心中明白伍举的意思，笑着说："我猜着了。它可不是只普通的鸟。这只鸟啊，三年不飞，一飞冲天；三年不鸣，一鸣惊人。你等着瞧吧。"伍举明白了楚庄王的意思，便高兴地退了出来。

果然，第二年，楚庄王听政，发布了九条法令，废除了十项措施，处死了五个贪官，选拔了六个进士。于是国家昌盛，天下归服。

楚庄王是一位相当聪明的君王，他不做没有把握的事，适当地选择沉默，不过早暴露自己的意图，所以最后能成就大业。沉默并不是无言，而是一种积蓄能量的途径，一个酝酿思想的过程。当所有的准备都已经做好，就如同拉弓蓄力，为的是箭发时能铮铮有力，直冲云霄。女性朋友平时与人交际时，如果你的思路没有拓展开，那么就不要急于把自己的想法说出来。因为一个成功的思路是经过"三思"而后虑的。在梳理思路的同时，可以及时地发现自己在某些方面的漏洞，并改变看法使思路得以完整，或是进一步使思路得到创新，并使自己有十足的把握取胜。

女人说话要注意自己的逻辑，不要把那些不经过大脑思考的想法一股脑儿地抖出来，那样会让人感觉你是个没有智慧的女人。在自己毫无头绪的情况下，要给自己沉默的空间。形式上的静止，并不代表思考的停滞。那些有深度的思想，正是看似沉默的思考过程。有的女人总喜欢夸夸其谈，把自己不成熟的思想早早地说出来。这对于她自己，其实无疑失去了进一步思考、达到成功的机会。不成熟的思想没有经过反复的推销，所以有可能显得没有主题或是存在着漏洞。对方在听我们说话的时候，常常是感觉虽然滔滔不绝，但是却根本听不出什么有价值的东西。

1.没有清晰思路不如沉默应对

聪明的女人常常会在自己没有清晰的表达思路时，选择适当的沉默。她不会去急于把自己没有成形的想法说出来，她们总是能够把握自己的实力。在适当沉默的时候，会理清自己的逻辑和思路，以等待下一个机会。没有把握的事情，她们不会冒险去做，更不会让自己陷入尴尬的处境。聪明的女人总是在背后把所有的准备工作都做好了，才会把自己的想法说出来，因为这样才有必胜的把握，她们总是在沉默的时候积蓄能量，一旦出现在人们面前的时候，总能达到“一鸣惊人”的效果。

2.语言要经过思考才出口

给自己适当的沉默，为成功创造更大的空间。每一句话在开口前要经过冷静的思考和反复的推敲。古人云：“君子厚积而薄发。”说的就是这个道理，一点一滴的积累，才会有成功的喜悦。女人说话要经过深思熟虑，尽量三思而后说，那么你的话就可能多一些深度，少一些平庸。思考在沉默中放出光彩，语言在思考中也得到了锤炼。

第4章 从容豁达，成熟的表达让女人更有魅力

成熟，是岁月给女人最好的馈赠。虽然它无情地带走了女人如花般娇艳的容颜，但是却留给了女人自信、宽容、淡定、幽默等更富内涵的成熟内心。成熟的女人会少一些张扬，多一些沉稳；成熟的女人风情万种，但又懂得把握分寸。成熟的女人一言一行，甚至举手投足间，都展现出从容豁达的魅力。

让开场白具有“致命”吸引力

俗话说：“好的开端是成功的一半。”人际交往也是一样。交谈是人际交往的主要方式，谈话是否能够顺利、和谐、愉快地进行，开场白能否开好至关重要。俄国作家高尔基曾经说过：“最难的是开场白，就是第一句话，如同在音乐上一样，全曲的音调，都是它给予的。平常却又得花好长时间去寻找。”这不仅说明了开场白的重要性——它奠定了谈话的基本面貌和风格；又指出了开场白绝对不是随便说几句话那样简单，而是需要长期积累和斟酌研究，是经验和智慧的结晶。若是想让你的开场白具有“致命”的吸引力，就必须洞察人情、读懂人心，与别人有更进一步的交流和了解。而这正是作为一个成熟睿智的女人所必须掌握的人际交往手段之一。

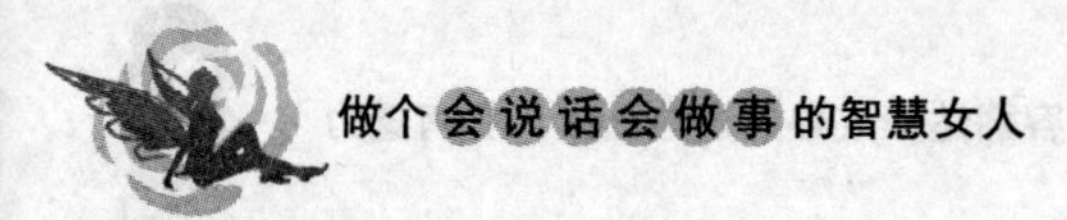

那么怎样才能让开场白具有“致命”的吸引力呢？要素当然很多，但最主要的有两条：一是能马上引起对方的注意和兴趣；二是能迅速拉近双方的距离。那么怎样才能达到这两个目标呢？这就需要用一些技巧和方法。

讲述故事引起对方的注意。不管是何种类型的故事，幽默笑话也好、奇闻轶事也好、名人传记也好，只要和你将要说话的内容相关，只要说得足够生动、引人入胜，就一定能够引起对方的兴趣——因为从孩童到大人，没有谁不喜欢听动人的故事。

通过提问引起对方的好奇。你即将要说的内容是什么？是否会令人产生兴趣？你可以在一开始用提问的方式提出和内容相关的问题。因为人们听到问题会不自觉地思索答案，这是人们通常有的反应。只要他们开始思索你的问题，那么就会被你接下去的内容所吸引。

利用幽默活跃气氛。假如能用幽默生动的语言创造活跃、和谐、轻松的气氛，那么你就会更加容易得到对方的认同和赞赏，深入的交谈也就成为可能。因为相比较于严肃、沉闷的话题，人们更倾向于轻松的谈话，而对于妙语连珠、趣味横生的人，人们更加容易产生好感。

利用对方熟悉或关心的人、事、物来拉近双方的距离。假如你一开口就谈及对方熟悉或关心的人事、物，那么对方很容易产生一种熟悉和亲切之感，并且建立起信任感，交谈自然也就水到渠成了。

杨丽是青少年心理学专家，有一次她应邀去一所高中做演讲，下面是她的开场白：

亲爱的同学们，望着这熟悉的校园和操场，我仿佛回到了我的学生时代。若论辈分，你们应该叫我一声“师姐”，因为我和你们一样，曾经荣幸成为这里的一分子。如今，我回来了，但带给你们的或许并不是一个好消息，因为我今天代表的是人类历史上最可怕的名词之一：它破坏了友情、亲情、邻里之情和同学之情。我是当今青少年中最大的杀手。我的名字不是酒，也不是毒品，而是——自杀。

在中国，每2分钟就有1人自杀、8人自杀未遂；全世界，每年有100多万人

死于自杀；在瑞士、冰岛、澳大利亚和新西兰，自杀是少年儿童(小于15岁)的首要死亡原因；在其他一些国家，年龄超过85岁的人群自杀率最高。

听到这里，你们或许会问：为什么我们的高中没有采取措施呢？作为日常课程的组成部分，为什么高中缺少强制性的自杀防范纲要？这些问题都很重要。这也正是我今天在这里作演讲的原因。

杨丽的开场白的确很精彩。首先它拉近了双方的距离，“师姐”一词显得亲切而又随和，很容易得到孩子们心理上的认同；其次一句“人类历史上最可怕的名词之一”激起了听众的好奇心，促使他们继续听下去以便找到答案；然后，为了保持听众的兴趣，她还引用了一些触目惊心的统计数据；最后用了两个令人深思并和同学们密切相关的问题引出了正文。可以想见，接下来的演讲一定能取得很好的效果。

有人将人们之间的交谈比作下棋，你所走的第一步不仅告诉了对方你将用何种思路，并且决定了即将展开的阵局，对于接下来的博弈相当重要。而开场白就相当于这第一步，所以必须紧紧抓住对方的心神。正如鲍勃·蒙克豪斯在《三言两语》中所说的那样：“开场白应该是一把钩子……”必须引人入胜，具有“致命”的吸引力，才能轻松地走好接下来的每一步。

聪明女人会在谦虚中表功

很多人从小就受到这样的教育：“为人务必谦虚谨慎。”长大后，所谓的“职场圣经”又告诉我们：“高调做事、低调做人，不要抢功。”加上有些女人天性或腼腆，或清高，不敢或者不愿表功，因此总是无法得到领导的赏识、同事的肯定，始终默默无闻、不得重用。做人要谦虚自然是至理名言，但是假如一味地认为只要自己卖力工作，别人就一定能够看见，就一定能够得到应有的奖赏，那就大错特错了。如今的社会竞争激烈甚至达到残酷的境地，且不说“林子大了，什么鸟都有”，跟你抢功、将你的功劳据为己有的人比比皆是，就算是领导，有那么多的员工，眼睛也不一定长在你一人身上，你所付出的辛苦和做出的贡献，也不一定能看得见。所以，聪明的女人不光要会做，也要会说，要勇敢地展示自己的闪光点，为人谦虚的同时也要学会不露痕迹地表现自己的功劳。

关于合理表功，台湾作家黄明坚有一个极为生动形象的比喻：“做完蛋糕要记得裱花。有很多做好的蛋糕，因为看起来不够漂亮，所以卖不出去。但是在上面涂满奶油，裱上美丽的花朵，人们自然就会喜欢来买。”做人也是如此，一味埋头苦干、闷声不响，不一定能够得到上级的青睐，甚至还可能会造成不必要的误解。遇上别有用心的同事，甚至会利用你的害羞或清高将你的功劳占为己有。遇到这种情况，女人就无需再发挥“谦虚的美德”了，而要勇敢地站出来，坚决捍卫你的劳动成果，让大家看到你的功劳，明白你的付出，只有这样，才能让自己得到应有的回报。

阿敏工作认真负责、吃苦耐劳，能力也不错，大大小小也为公司做出过不少贡献，但是却从来没得到过老板的表扬，更没得到晋升和重用。阿敏百思不得其解，但最近的一件事却令她若有所悟。

老板最近交给她一项新任务，让她务必在三日内拿出一个具体可行并新颖独特的方案。由于这项策划是小敏一人独立完成，因此小敏憋足了劲想让自己在老板心目中的印象有个彻底的改观。她白天外出做大量的调研工作，晚上大家都下班了，她一人拖着疲惫的步子回到公司，再加班到深夜。有一天甚至趴在桌子上睡着了，直到第二天清晨打扫的阿姨发现她，她才匆匆忙忙地洗一把脸，接着又开始了工作。就这样，阿敏终于在第三天临下班前将策划案交给了老板。

老板看了一眼手表，脸上露出不悦的表情：“你这些天可真够忙的啊！上班整天都看不到你的人影儿，我还以为你策划早就做好了呢，没想到可是掐着时间上交的。”

阿敏愣住了，她为这项策划呕心沥血，付出了全部的心力，换来的却是老板这样的误解。她看看周围的同事，希望有人替她说句公道话，但是同事们各忙各的，好像都没听到老板的话。阿敏既累又伤心，一阵头晕目眩，竟晕倒了。

醒来后，阿敏已经躺在了医院里。老板握着她的手，满脸歉意地说："要不是打扫阿姨和我说了实情，我还被蒙在鼓里呢。策划做得非常好，你为公司付出的心血很令我感动。"老板顿了顿，接着说："但是，你不说我又怎么会知道呢？"

阿敏望着老板，终于知道自己今后该怎么做了。

不是每个人都像阿敏这样幸运，会有一个外人向老板道出她的辛苦。若不是阿敏晕倒，或许如今阿敏不但继续遭受老板的误解，甚至依旧受到老板的冷遇，得不到应有的回报和公正的待遇。有时，这并不能怪老板，因为公司上上下下、大小事务不计其数，老板要管理、要操心的肯定不止你一人。相比工作过程，老板更关心的是结果，如果他认为结果是理所当然的，那么你要是不说，别人又怎能看到你在工作过程中所付出的心血和辛苦呢？所以，不但工作的成就和功劳要让他人知晓，必要的时候，工作的过程也应该让大家了解一二。

2005年，安格拉·多罗特娅·默克尔当选为德国总理后，曾告诫女性朋友，不要以为像男人那般能干就是打破男权的唯一方法，通过自己巧妙的语言，让"高高在上"的男人，尤其是你的直接领导承认你的能力，这才是最重要的。所以，习惯于在工作中默默无闻的女人们，请抬起你的头，开启你的朱唇，将你的功劳和努力大声地说出来吧，这没有什么好害羞的。与其为他人做嫁衣，不如从幕后走到台前，争取自己应有的酬劳和地位，这才是现代女性敢作敢为的真本色。

比喻使你的发言更加妙趣横生

比喻是文学创作中常用的一种修辞手法，它能将抽象的事物化为生动的形象，给人留下深刻的印象；同时还能将深奥的道理用通俗易懂的语言加以说明，让人更容易接受。那么在交际中，善用比喻也可以很好地达到这样的效果。

关于比喻的妙用，战国时代惠施曾经说过：“（比喻）以其所知，喻其之不所知，而使人知之。”在日常的发言和交谈中，恰当地运用比喻往往可以收到意想不到的效果。在说服他人时，它比罗列一大堆枯燥乏味的证据更加令人信服。毛泽东是善用比喻来说明道理的大行家，无论在他的著作中还是在日常口语中，他常常运用生动形象、诙谐有趣的比喻来说明深奥复杂的道理，令人耳目一新。比如，他将军民关系比作鱼和水的关系，鱼离不开水，军队不能脱离人民群众；反动派就像灰尘，扫帚不到，灰尘就不会自己跑掉；帝国主义就像纸老虎，外强中干，其实不堪一击。这些比喻人们至今记忆犹新，津津乐道。

比喻是一种高超的说话技巧，它不仅可以化枯燥乏味为生动有趣，化深奥难懂为浅显易明，化抽象概括为具体形象，化冗长繁复为简洁扼要，还可以显示说话者的机智幽默、委婉得体、举重若轻。在日常交往中，或许会遇到一些令人尴尬的话题，这时与其直接回答，不如巧妙地运用比喻来应对，既不回避，又保全了自己的面子。比如在纽约国际笔会第48届年会上，中国著名作家陆文夫被问及对于性文学的看法时，依照中国人含蓄内敛的性格，直接回答这个问题似乎有些难堪，于是陆文夫巧妙地用了一个比喻作答：“西方朋友接受一盒礼品时，往往当着别人的面就打开来看，而中国人恰恰相反，一般都要等客人离开后才打开盒子。”大家听到这个形象有趣的比喻都发出了会心的笑声，接着响起了一阵热烈的掌声。陆文夫的睿智将一个敏感的难题解答得简练而又圆满，由此可见比喻的妙用。

田甜的婆婆从乡下来了，一开始，大城市出身的田甜对这个穿着土气、满嘴方言的乡下老太婆不以为然，甚至还有一点儿看不起，但是时间长了，婆婆充满乡土气息、妙趣横生的比喻令田甜不由得刮目相看。

听说公公婆婆的婚姻完全是媒妁之言，婚前两人连面都没见过，于是田甜奇怪地问：“既然婚前没有感情，妈你跟爸现在的感情怎么那么好呢？”婆婆说：“我们就好比一壶冷水，放在炉子上，时间越久，温度就越高，到最后自然就沸腾了呗！”田甜被婆婆生动的比喻逗笑了。

田甜带婆婆出去逛街，买了一大堆东西，回到家，田甜问婆婆：“逛街的感觉好吗？”婆婆笑着回答：“逛街让我体会到了变身的感觉。”田甜好奇地问：“为什么？”“出门是兔子（跑得快），付钱时是鹅（抬头挺胸），回家是骆驼（背了一大堆）。”田甜听了不禁哈哈大笑。

田甜觉得自己的丈夫什么都好，就是埋头搞科研，不太善于同人交际，这一点田甜有些不满意。有一次，田甜又在数落老公，婆婆笑眯眯地说：“闺女，你喜欢夏天的蚊子和青蛙不？”“当然不。”田甜说。“那不就是，蚊子和青蛙天天在耳朵边聒噪，但没人喜欢；公鸡每天只在天亮的时候叫一声，但大家就都起床了。所以说得多不一定有用。”果然，没多久，丈夫的一项科研成果获了大奖，并被提拔为技术科长，田甜这才领会到老太太的智慧：“你妈说你会‘一鸣惊人’，果然这话一点儿不假！”

虽然老太太没有多大的学问，但是她善于妙用比喻，令所说的话妙趣横生、充满了生活的智慧。在现代社会中，一个人若想有打动人心的好口才，光将事情说得清楚明白是远远不够的，还必须妙语连珠、幽默风趣，才能给人艺术上的美感。一个通俗形象的比喻，胜过长篇大论的叙述，它基于联想、富于想象，不仅给人以哲学上的启迪，更能体现出说话者的机智与才华。所以，女人在训练自己的口才时，要有意识地培养自己的形象思维能力，将比喻巧妙地用于说话论证之中，使语言生动形象、富有文采。

巧妙反驳，不伤和气

人与人交往时，常常会出现意见不合的情况，有的人伶牙俐齿、出言不逊、暗藏机锋，不善言辞的女人在面对对方的诡辩和圈套时，常常哑口无言，不知如何辩驳而使自己陷于尴尬的境地。但是不要忘记，诡辩虽然厉害，但只要用心，通常都不难发现对方的破绽。聪明的女人能抓住对方破绽，巧妙地进行反驳，化被动为主动，抢占先机。

但是反驳要注意一个“度”，不能过于生硬，大吵大嚷，或者用过激的语言赤裸裸地进行漫骂，就会变成市井中的泼妇骂街，不仅有损自己的形象，更加难以令人信服。要使对方心服口服，就要以理服人，用巧妙的语言机智应对；或层层诱导，以谬制谬，令对方不攻自破；或步步紧逼，揭穿老底，令对方手足无措；或“以子之矛，攻子之盾”，令对方自乱阵脚；或旁征博引、列举事实，令对方哑口无言……总之，反驳要胜在“巧妙”二字，否则即便胜了争论，也输了风度。

《晏子使楚》的故事家喻户晓，晏子反驳的技巧广为称颂：

晏子出使楚国，楚国人为了羞辱他，特地在城门旁开了一个小门，让身材矮小的晏子从小门进入。晏子正色说：“只有出使狗国的人才从狗洞钻进。今天我出使的是楚国，难道不是要从中门进入吗？”楚国自然不愿承认自己是狗国，所以无奈只好打开大门迎接他。

晏子拜见楚王时，楚王笑他说：“你们齐国难道没有人了吗？派你这么个小矮子来做使臣？”晏子说：“齐国的人多得数不清，但是齐国有个规定，往不同的国家派遣不同的使臣，贤明的人就派遣他出使贤明的国家，无能的人就派他出使无能的国家，我是最无能的人，所以就只好出使楚国了。”楚王哑口无言。

在宴请晏子的酒席上，两个公差绑着一个人来到楚王前。楚王问：“绑着的人是什么人？犯了什么罪？”公差回答说：“是齐国人，犯了偷窃罪。”楚

王看着晏子问：“难道齐国人这么喜欢偷窃吗？”晏子立刻回答道：“听人说橘树生长在淮河以南的地方称为橘，生长在淮河以北的地方称为枳，它们不过是叶子相像而已，果实的味道却大为不同，其原因就在于水土条件不一样呀！此人在齐国时并不偷盗，如今一到了楚国反而就成了小偷，难道楚国的水土这么令人们喜欢偷窃吗？”楚王无奈叹息着笑道：“圣人是不可以捉弄的，最后我自己反而自取其辱了。”

晏子矮小的身躯中，不仅蕴藏着惊人的勇气，更蕴藏着惊人的智慧。面对楚国的刁难和羞辱，晏子没有惊慌失措，更没有火冒三丈，而是用自己的沉着冷静、机智灵活，巧妙地应对、反驳了对方的谬论。不仅令对方搬起石头砸了自己的脚，而且维护了本国的尊严，最后令楚王不得不叹服为“圣人”。这才是晏子最伟大、最令人敬服的一点。

但是，在现实生活中，很多时候并没有绝对的对错之分，很多人都坚信自己的观点是正确的，很难被别人改变或者说服。若是对方并非刻意冒犯或者伤害你，那么在反驳时一定要注意用词的得当，避免发生冲突。成功学家卡耐基曾经说过：“很多时候你在与别人争论时是赢不了的。要是输了，当然你就输了；如果赢了，你还是输了。”所以，在与对方辩论时，单凭声音大、气势强，是没有用的，所有的争论十之八九都想让对方相信自己的观点，或者即便意识到自己的错误，也绝对不会承认。所以，这时保全对方的面子是最为重要的。如果能做到既表达了自己的立场、反驳了对方的观点，又不至于令对方太难堪，才是真正聪明女人的高明之处。

第5章　三思而言，聪明女人谨记说话忌讳

女人说话要“三思而后言”，这不仅是生活的态度，更应是做人的智慧。谨言而慎行、理智且克制，是女人为人处世的原则之一。所以，说话不但要用嘴，更要用脑，否则说出的话就如同泼出的水，一旦造成无可挽回的后果就悔之晚矣。

谨防办公室敏感话题

作为职场女性，最好是少说话为妙，以避免言多有失，祸从口出。虽然，有时候那些不善言辞、沉默寡言的女人固然给人一种不合群、孤僻的感觉，但与那些整天喋喋不休的女人比起来，后者更令人讨厌。办公室是个极其微妙的地方，它表面看似平静如水，实则暗藏着不少看不见的利器。一个会说话的女人即便善于言谈，也要懂得适合而止，该沉默的时候就要保持沉默，同时小心避开那些办公室的敏感话题。

有句话叫做“祸从口出”，职场女性要学会谨言慎行，任何话都需要“三思”，在大脑里多绕几个圈子，心中有个衡量，这样才能与上司、同事和谐相处，避免犯下不可挽回的错误。办公室都是人多的地方，难免有闲言碎语，有时候，你不小心冒出的一句话就会得罪同事；有时候，你也可能在无意中成为

别人攻击的对象。对于每一个职场女性来说，一定不要在背后说人闲话，这是职场大忌。

总公司的销售经理王乐最近到分公司来指导工作，因为与下面的同事都还不是很熟悉，她为了与同事们建立融洽的关系，她在来公司的第一个周末就邀请同一个部门的同事一起吃饭。

大家在吃饭的时候，不知道是谁无意间谈起来了一位刚刚离职的副总经理张慧。入职不久的小李心直口快地说张慧脾气不好，经常无故对下属发脾气，很难相处。王乐这时候插了一句："是吗？是不是她的工作压力太大造成心情不好？"小李撇撇嘴，说："我看不像是工作压力大的原因，三十多岁的女人嫁不出去，既没有结婚的兆头也没有男朋友，老处女都是这样的，显得有点心理变态。"说完，一个人笑了起来。可是，在座的同事听了小李的话，刚才还争相发言的同事都闭上了自己的嘴巴。因为，除了入职不久的小李，那些很多在座的老员工可都知道，王乐也是一位还没有结婚的老姑娘。这时，好在一个位同事及时转换话题，才抹去了王乐隐隐的难堪。

饭后，小李从老员工那里得知了事情的真相，不禁为自己那句话悔青了肠子。

心直口快的小李并不是有意去揭他人的伤疤，她内心里根本就没有这样的想法。但是由于自己又是一个职场新人，对公司的很多情况都不了解就开始随便说话，就会在无意中伤害到身边的同事，进而也会影响自己的职场发展。

聪明的女人，应避开那些办公室的敏感话题，远离那些流言飞语，远离那些办公室绯闻，远离是非之地。下面我们就简单地介绍几个常见的办公室敏感话题。

1.家庭财产

有的职场女人太坦率了，遇见关系不错的同事就会把自己的家底全部暴露出来，或是谈论自己刚刚在郊区买了房子，或是自己利用假期去国外旅行了。其实这些关于家庭财产之类的话题没有必要拿到办公室来炫耀。因为无论你是显富还是哭穷，在办公室都会显得很做作，与其讨人嫌，不如知趣一点，不该

说的话不要说。

2.薪水问题

很多公司会根据员工的不同情况来发放工资，这就造成了同事之间的工资差别。而发放工资的时候，老板都是各自联系，并叮嘱不让他人知道。于是，办公室里就会出现类似“包打听”的人物，他们总是千方百计地想知道你的薪水是多少。关键的一点是你千万不要向同事打听对方的薪水秘密，当同事向你打听的时候，你也要采取措施保护自己。当他把话题尽可能地向薪水问题上引时，你要尽早打断他的话，说公司有纪律不谈薪水。如果他已经问出口了，你也可以直接拒绝：“对不起，我不想谈这个问题。”这样，他就不会再问你第二遍了。

3.个人隐私

每个人都有隐私，职场女人千万不要因为一时的情绪激动向同事吐露你的心事，无论你是失恋了还是遭遇不开心的事，都不要把个人情绪带到工作中来。身边的同事，他们有的可能是你的对手，有的可能是你的合作伙伴，但是即便是平时看上去很要好的朋友，也难免会有翻脸的一天。你的个人隐私暴露得越多，他知道你越来越多的秘密，就越容易把你击倒。职场女人要学会保护自己，把个人隐私当成办公室话题的禁区。当然，“己所不欲，勿施于人。”你也千万不要去打听别人的隐私，即便是在下班休息之际，也千万别聊私人话题，也别在背后议论公司里的是非短长。

4.表露自己的野心

很多职场女性一遇到工作上的难题，就会抱怨连天，甚至有的在办公室大谈自己的理想。其实，作为一名员工，就是尽心尽责地把自己的分内工作做好，而不是整天在办公室念叨“我要当老板”。你这样的宣言就很容易被上司当成敌人，或者被同事看成异类。因为每个人都存在事业上的野心，但是这些壮志雄心的话还是回去跟家人或者朋友说比较合适，而不是说给同事们听。

办公室本来就是一个是非之地，有可能因为一句话就会引来一场是非，这对于自己的职场生涯也是极为不利的。职场女性在办公室说话要讲究技巧，避

开办公室敏感话题，该说的三思而后说，不该说的不随便乱说，以免给自己招来麻烦。

三缄其口的女人少是非

日常生活中，人们经常听到这样的告诫：“病从口入，祸从口出。”有时候因为一句话说不定就会惹上麻烦，既伤了别人，又害了自己。为人处世需要谨言慎行，该说的要说，不该说的绝对不能乱说。

其实，说话本身并无过错，关键在于要看清对象、分清场合，了解说话对象的心理，不能口无遮拦、不分轻重，否则就有可能触犯他人的痛处，造成误解，甚至酿成纠纷。不当的言语对人心灵的伤害就如同尖锐的匕首，让人一辈子都难以痊愈。此为伤人；不分场合地信口开河，随意夸大或者以讹传讹，就有可能令自己卷入是非，百口难辩。此为害己。所以，真正会说话的女人是用大脑在说话，而不仅仅是嘴巴。

小雯即将大学毕业。因为她活泼伶俐，个性开朗，学习成绩优异，所以深得老师和辅导员的喜爱。但是毕业前的一次分组设计，竟然没有一个人愿意与小雯搭档，实在大大出乎老师的意料。后来经过了解才知道小雯虽然聪明伶俐，但是说话却口无遮拦、尖酸刻薄，几乎没有人能够受得了她。经过老师的协调，老实厚道的小华答应与小雯一组，共同完成毕业设计。

她们的专业是服装设计，这次的毕业设计就是设计一款服装并进行市场调查。合作一开始，小雯好胜自负的性格就显露出来了。她坚决要求按照自己的想法进行，她设计了一款旗袍式长裙。小华认为旗袍虽然好看，但是本身对女人的身材要求过高，再加上拖地式的后摆，实用性不强，很难得到大众的认可。小雯用蔑视的眼神看着她说：“我看是有的人吃不到葡萄说葡萄酸吧。不

要因为自己身材不好，不适合穿旗袍，就认为没人喜欢，没人能穿了。”身材矮胖的小华听了这话，气得脸色发青，眼泪直在眼眶里打转。随后不管小雯做什么决定，她都坚决不发一言。

设计方案交上去了，结果只得了良。老师的评语明明是“华而不实，不适合现实大众生活需求”，但是小雯却逢人便说：“真倒霉，老师非要安排给我一个搭档。要是我自己一人弄的话，凭我的成绩，绝对不是现在这样的结果。”小华气得当场找她理论，小雯自然不肯承认是自己的过错，最后两人越说越僵，竟然动起手来。事情闹大了，学校领导了解事情的原委后，对小华进行了批评教育，而对小雯则做出了警告处分。直到这时，小雯才后悔莫及，但事情已经晚了。

一个优秀的女孩就这样毁于自己的口舌之欲，实在令人可惜、可叹！可见言语不慎对于一个女人来说是一件多么危险而又愚蠢的事情。不经大脑思考、只送口舌之快脱口而出的废话、错话和蠢话就如同一地散落的鸡毛，难以收场。一旦造成不良后果就追悔莫及了。

古往今来，因为管不好自己的嘴巴而招致灾祸的事例比比皆是，稍不注意就会导致杀身之祸。“韩信带兵，多多益善”便是一个极好的例证。现代社会或许不会动则杀戮，但是因为说了不该说的话或者说话不注意对象、方式而给自己带来不好的影响和结果的例子也屡见不鲜。仔细想想，或许每个人都能列举一两件这样的事来，可见这类现象在现实生活中并不少见。

伟人毛泽东将在延安出生的两个女儿取名李敏和李讷。其中“敏”与“讷”二字就出自《论语·里仁》中的“君子欲讷于言而敏于行。”毛泽东希望自己的女儿做一个谨言慎行的人，现代女性更应该思考如何才能做一个说话人人爱听、处处受人欢迎和尊敬的人。

聪明女人，不揭人隐私

随着社会的发展、观念的进步，“隐私”一词越来越受到人们的重视。所谓“隐私”，就是隐藏起来不愿意让他人知道的私人信息。作为一名新时代的女性，在人际交往中，尤其要学会尊重他人的隐私，不要随意揭露或者大肆宣扬，否则就会踏入“雷区”，一不小心就有可能造成不可挽回的后果。

小娥与小倩从小就是好朋友，两人之间几乎无话不谈。小娥人长得漂亮，又聪明，但就是不太爱学习，高中毕业后没考上大学，于是就南下广州打工了，小倩则考上了北方的大学。两人一别四年。

小倩大学毕业后，回到老家在一个事业单位做了一名普通的职员。小娥也回来了，人不仅出落得越发迷人，并且还投资建了一个小工厂，生意十分红火，没几年就成了当地有名的女企业家。小倩嫁了一个小职员，而小娥却和当地副市长的儿子结了婚。两人的差距越发大起来，小倩心中的落差也就更加明显了。于是她开始故意疏远小娥，而小娥却丝毫没有觉察，还时常送小倩各种礼物。

有一次，小娥从美国回来，给小倩带了一瓶香水。小倩上班时喷了一些，同事闻了都说好闻。有人羡慕地说：“还是有个有钱有权的朋友好哇！”旁边有人接话：“那是，什么都不用自己买，还可以常常用名牌。”小倩的脸沉了下来。她把香水直接扔进了抽屉。周围的人还在议论：“你说人和人怎么就不一样呢？从小一起长大的朋友，一个在天，一个在地。”“但这也不错，最起码大树底下好乘凉啊！”又有人酸溜溜地说。小倩气愤极了，她站起来大声说：“有什么了不起的！她有今天，不就是当年在广州傍了个台湾大款吗？否则怎么可能有钱开厂？”

所有的人都被这句话吸引了过来，缠着小倩说个仔细。小倩这时才觉察自己话说得有些过头了，急忙找了个借口离开了人群。但是这句话却像长了翅膀一样，立刻传遍了全城，更有人添油加醋，说得不堪入耳。小娥离婚了，工厂也最终倒闭了。小娥离开了家乡，不知所踪，但是临走前给小倩寄来一封信，里面是一把雪亮的匕首。小娥当场吓得昏死过去，醒来后神经就有些不太正常，整日害怕小娥会来找她报复。最后，老公受不了，也提出了离婚。小倩后悔得肠子都青了，但是却已经太晚了。

这一切都归咎于小倩随意说出了好友的隐私，最终导致两个人落到这样的结局，真是令人叹息。生活中因为好朋友的特殊关系，我们常常会知道一些别人所不知道的秘密，那么为信任你的人保密，就成了你义不容辞的义务和责任。因为隐私一旦暴露，就再也没有私密性可言，不但隐私会变成大家茶余饭后津津乐道的谈资，被暴露的人也会成为众人的笑柄，从而造成心理上的伤害。且不管对方是否因怒生怨，做出一些伤害你的事情，单是自己心灵上的愧疚与自责就会折磨得你彻夜难安。

那我们该如何做呢?

1.尊重他人隐私

尊重他人的隐私实际上就是尊重他人的自由、尊严和幸福，同时也是尊重自己。管好自己的嘴巴，就算无法将自己所知道的秘密从脑海中抹去，也要让这秘密永远烂在肚子里，做一个真正值得尊重和信任的人。

2.隐私是不能分享的

马克·吐温曾经说过：“每个人就像一轮明月，他呈现光明的一面，但另有黑暗的一面从来不给别人看到。”这“黑暗的一面”就是每个人的隐私。每个人总是乐于将快乐与人分享，将自己光辉、高大的一面呈现于人前。但是对于自己的伤痛、不快或者难以启齿的事情往往不愿让他人知晓，比如婚姻的破裂、事业的失败、感情的纠葛、生活的过失、生理的缺陷等等。

既然不愿意让人知道自己的隐私，那么就要学会尊重他人的意愿，不要刻意探听、窥视他人的隐私，更不可传播或者议论他人的隐私，以此炫耀自己消息的“灵通”。这样的人不会为人尊重，反而会遭到唾弃。因为要想别人尊重自己，首先要学会尊重别人，而随意揭露他人的隐私就是对他人最大的不尊重。

给他人面子就是成全自己

对于中国人来说，面子问题是人际交往中比较注重的一个方面。项羽战败，为了保全颜面，竟不惜自杀，可见面子问题竟然比千秋霸业还要重要。而人与人之间的交恶，也往往出于面子问题。三国时，孙权替儿子向关羽求亲，关羽拒绝说：“吾虎女怎肯嫁犬子乎？”令孙权大失颜面，怀恨在心，最后关羽被自己的盟友孙权所杀。历史上，因为逞一时口舌之欲而引来灾祸的事比比皆是。其原因并不在于双方有多么大的深仇大恨，而往往只是因为一方言语不慎，令对方感觉“很没面子”，最终反目成仇。在现代社会中，由于言语不慎令对方“丢面子”的也屡见不鲜。对于女人来说一定要管好自己的嘴巴，给足对方面子，不要让对方“丢面子”，才可能能换来良好的人际关系，成为一个受欢迎的人。

19世纪30年代，美国经济大萧条时期。一个17岁的女孩好不容易找到了一份工作——在一家高级珠宝店做营业员。虽然工资不高，但是女孩非常珍惜这份工作，因为她必须依赖这份工作来贴补家用。

圣诞节前夕，珠宝店里的生意非常忙碌。这天女孩正在整理柜台上的戒指时，进来了一个中年男人，他衣衫褴褛、满脸落魄，贪婪地盯着那些高级珠宝。

突然，电话铃响了，因为着急接电话，女孩一不小心碰翻了一个盛放珠宝的碟子，六枚精致的钻石戒指，瞬间全部落在了地上。女孩急忙俯下身寻找，但却只找到了五枚，第六枚怎么也找不到了。

这时，她看到那个男人正朝门口走去，顿时，她知道戒指在哪儿了。当男人的手即将触碰到门把手时，女孩柔和地喊了一声：“对不起，先生！”男人身形顿住，并转过身来，双方对视，足足有一分钟的时间，然后声音颤抖着问：“什么事？”

女孩没有说话，男人的手不自主地伸进口袋，粗声粗气地再次问：“什么

事？”女孩低着头，神色黯然地说：“先生，这是我的第一份工作。唉！现在这个年代，找一份工作可真难，您说是吗？”

男人不语，也低头沉思了良久，忽然一个温和的微笑浮现在他的脸上：“是啊！的确如此。但是我可以……你在这里一定会做得不错。”说着，男人向前走了一步，把手伸向女孩说：“我可以为你祝福吗？”

女孩立即伸出了手，温柔地微笑着，紧紧握住了男人的手，用十分柔和的声音回答：“也祝你好运！”随后，男人转身离开，女孩目送他的身影消失在大门外，然后转身回到柜台，轻轻放下手中的第六枚戒指。

毋庸置疑故事中的男人是一个贼，但是女孩却用一种十分巧妙的方法保全了他的颜面，最后不仅找回了戒指，还得到了对方的祝福。试想一下，假如当时女孩不顾一切大喊起来，被逼得走投无路的男人说不定会做出什么穷凶极恶的事情来，甚至危及自身的安全。所以无论什么人，心中都有善的一面，都需要颜面。假如你既能指出对方的错误，又能保全他人的面子，那么对方心中的善良就会被唤醒，就会用善意来回报你的好心，从而皆大欢喜。

1.忌尖酸刻薄之语

俗语说：“蚊虫遭扇打，只为嘴伤人。”尖酸刻薄、讥讽嘲笑的语言是人际交往的大忌。揭人短处、曝人隐私更是令人深恶痛绝的行径。你不给别人“面子”，别人就不会给你“里子”，轻则撕破脸皮，当场大吵一架；重则记恨在心，日后伺机报复。这就叫做“以牙还牙，以眼还眼”，最后落得个两败俱伤。

2.给足他人面子，实际就是成全自己

“你敬我一尺，我敬你一丈”，也是人际交往中最适用的一条准则。当你保全了他人的颜面，给足了他人面子，别人就会铭记在心，感恩戴德，日后投桃报李，他给你的面子很可能会远远大于你所给他的面子。刘备三请诸葛亮就是一个很好的例证。因为刘备给足了诸葛亮面子，三顾茅庐请诸葛亮下山，所以诸葛亮自然也全心以报，不仅倾尽一生辅佐刘备，还辅佐了他的儿子刘禅，最后鞠躬尽瘁、死而后已。

聪明女人不做“长舌妇”

爱议论他人，特别是爱在背后议论他人的家长里短，这是很多人、尤其是女人的恶习，人们通常称此类女人为“长舌妇”。任何一个女人，一旦被冠以如此“称号”，那么无论她的外表有多么鲜丽，也会因其人品问题而遭到他人的嫌恶与唾弃。有人或许会用“谁人背后不说人，谁人背后无人说”来为自己辩解，以此证明背后议论他人是人之常情，是任何人都不可避免的事情。但是“流言止于智者”，就算自己无法阻止别人的议论，起码也可以做到不同流合污，独善其身。古人常说 “静坐常思己过，闲谈勿论人非。”这是智者的为人处世之道，也是体现个人素质与修养的重要方面。

杨娟是公司的业务骨干，为人活络、能言善辩，但就是始终得不到升迁，其关键原因就在于她喜欢背后议论他人，搬弄是非。这不，公司最近调来了一个新副总裁，年轻漂亮，气质非凡，这下又给杨娟提供了可谈之资。她挖空心思，到处打听小道消息，然后在办公室内大肆宣扬。

一天，她去新副总裁的办公室送材料，看见副总裁办公桌上的一本书中露出照片的一角，她偷偷抽出来瞄了一眼，竟然是总裁和新副总裁的合影。新副总裁挽着总裁的胳膊，头微微地靠在他的肩膀，两人神态亲昵。杨娟像打了鸡血一样兴奋，很快，新副总裁是总裁的“小蜜”这样的流言在整个公司传播开来，几乎人人都知道了此事。杨娟在散布这个消息时，最后总不忘加上一句：“怪不得年纪轻轻就做了副总裁，原来是靠美色换来的。”

两天后，总裁突然来到了公司，并召开了全体人员会议。在会上，总裁郑重地向大家宣布，新副总裁是自己的亲生女儿。

“我本来不想公布这个事实，因为我女儿博士毕业后回国帮我打理生意，完全想凭借自己的实力，不想让别人说是因为借助了我的力量。但是最近有很多流言，竟然荒唐到说我女儿是我的情人，不仅给我女儿的身心造成了严重伤害，而且给公司的声誉造成了很大影响。所以，对此我将保留诉诸法律的权

力，为我和女儿讨回公道。”

杨娟面如土色，此刻，她才知道，背后议论他人、以图口舌之快会给自己带来多么大的灾难。后来，经过杨娟的公开赔礼道歉和各方协调，杨娟虽然没有遭受牢狱之灾，但是却丢了工作，并且恶名远扬，成为圈子里人人皆知的“长舌妇”，再也没有人愿意雇佣她了。

杨娟的结局是情理之中的，有谁愿意与这样的人为伍、将一颗定时炸弹放在自己的身边呢？“舌头底下一把刀”，而这把刀是伤人伤己的双刃剑。《古兰经》里把背后议论他人比喻成“吃兄弟的肉”，圣人穆罕默德更是说道：“谁一生中背谈他人一次，真主惩罚他十样，1.不蒙赐悯。2.天使不伴随他。3.死亡的痛苦加剧。4.离火狱咫尺之遥。5.远离天堂。6.坟中的惩罚加重。7.破坏善功。8.导致穆圣为之忧愁。9.真主谴怒之。10.复生日将成为破产者。”可见，人们对于背后议论人的行为是多么的深恶痛绝。

比尔·盖茨在退休前给年轻人提出了十条建议，其中一条就是：永远不要在背后议论别人，因为这样的心态会让你走上坎坷艰难的成长之路。喜欢在背后捕风捉影、以讹传讹、搬弄是非的人，一般多少都有些心理疾病。别人得了荣誉，而自己又没有当面较量的实力，于是妒火中烧，便在背后编造是非，暗箭伤人；别人遭遇不幸，于是更加幸灾乐祸，添油加醋，歪曲事实，大肆宣扬，来满足自己扭曲的心理。这样的人，人人都会敬而远之，因为当他们听见你背后议论别人时，难免会产生这样的思虑：“你如今在我的面前道他人的长短，必定也会在他人的面前搬弄我的是非。”所以，这种以说长道短为爱好、以诽谤他人为乐趣的人，非但不会得到别人的真心喜欢，反而会成为过街老鼠，人人唯恐避之而不及。可以想见，这样的女人，其人际关系有多么的糟糕，而本人又怎会获得事业的成功、生活的幸福呢？

所以，作为女人，一定要杜绝背后议论他人的陋习，注意提升自身的素养，养成“有话当面说，背后不议论”的良好习惯，做人光明磊落、正派坦荡，塑造高贵优雅的美好形象。

聪明女人说话要分清场合

聪明的女人懂得利用自己的身份和所在的场合让自己出口的话身价百倍，从而更被人重视，不看场合说话不仅会让自己和他人遭遇尴尬，还可能被人看轻，使自己显得浅薄无知、不合群。如果想要受到欢迎，获得良好的人际关系，就应该针对所在的场合设计不同的话题和谈话方式，才更能突出交际效果。

1.不说不适合大众的话题

即使是闲聊性质的聚会，也不要只顾及一小部分人的感受，而不顾及在场的其他人士。比如很多婴儿妈妈喜欢谈论孩子的喂奶、洗尿布、生病甚至屎、尿、屁等话题，完全不管是不是在饭桌上。而有些女人，谈到兴起经常忘乎所以，忽略身边的男士，大谈内衣、身材、生理期保养等，不顾及男人或未婚女士会不会尴尬。事业型女人在私人沙龙会大谈自己的事业或者对经济政治高谈阔论。

2.话题不要影响气氛

在某些以“庆祝”为主题的聚会或者欢庆场合，最好不要谈及自己的疾病或者悲伤等不合时宜的话题；参加葬礼时万勿嬉皮笑脸；庆功宴上也最好不要论及过程中曾犯下的错误，总之，即使你说的都是事实也不要逆全场气氛而发起话题，可以放在其他场合。

3.不同场合用不同说话方式聊不同话题

职场上多聊聊自己的工作和进度；商务酒宴上不妨在商言商；私人聚会多聊聊购物心得、化妆打扮或者电影、音乐、健身操等等，但最好不要谈及“婆婆经”和一些家务事；一些女人沙龙最好就主题发表谈论，如果没有主题，红酒、品茶、客厅布置、旅游等都是很好的话题。再者，和家庭主妇最好用通俗易懂的语言，深入浅出，能使人听懂；和小资女最好用一些深沉的论调和雅致的语言；和时尚女人，可以多用时髦点的词句。

4.充分利用特定的场合

同样一句话，用在不同的场合会有不同的效果，“二战”期间，英国首相邱吉尔会见美国总统罗斯福，要求美军出兵共同抗击法西斯。当他清晨在浴缸里津津有味地抽雪茄时，罗斯福总统不小心误闯进来。丘吉尔急中生智，立刻利用这个场合乐呵呵地说道：“总统先生，作为英国首相，在您面前我可是开诚布公、毫无隐瞒了。”这句话不但缓解了尴尬，更重要的是充分利用了这次机会表明了自己的诚意，换个场合这句话肯定不会有这样好的效果。

克林顿在竞选总统期间的电视辩论中，没有坐电视台给提供的高椅子，在这种不用直接面对选民的场合当中仍然保持对观众的尊重使他显得更加彬彬有礼，赢得了选民和电视观众的好感。换个场合或许没有什么，越在看不到的地方越保持对人的尊重和赞扬，越容易获得他人好感，这就是利用场合的技巧。

聪明的女人在与人交往中，应该把交往的对象、场合、时间等因素都考虑进去，才能不失礼数，又使你的语言获得更好的表达效果，优化沟通。

第6章 韵味十足，知性女人谈吐卓尔不凡

“知性”一词最早为德国古典哲学专用术语，现在常用于形容有内涵、有文化、有修养的美丽女性。知性的女人有一种由内而外散发出来的独特气质，那是一切外在的容貌和修饰都无法比拟的美丽。知性女人有着卓尔不凡的气质，言语谈吐之间更是韵味十足，有着令人无法阻挡的魅力。

知性女人善于掌控说话情绪

说话稳重、谈吐不俗是知性女人的共同特征，而在交谈中，懂得掌控自身的情绪、喜怒不形于色则是知性女人智慧的表现。

中国固有的文化传统令人们说话有时隐晦不清，甚至与内心的意愿截然相反，明明心中想的是这样，而表达出来的却是另一番意思。男人们有时说“没问题”，其实是有很大问题；女人们有时说“不喜欢”，其实心中是很喜欢；孩子们有时说“我不要”，其实内心却极其渴望得到。而知性女人则善于恰到好处地表达自己的意愿，不会因为某种原因压抑自己正常的要求，也不会因为某种目的而说一些违背自己意愿的话。但是实话实说却往往容易引起误解和不满，而这些误解和不满则会引起自己或者对方的情绪变化甚至有时还会造成情绪失控，若想谈话顺利进行、取得预想的效果，就必须学会掌控情绪，包括自身和对方的情绪。

知性女人通常都拥有高贵的人品和沉稳的个性，在谈话中懂得如何掌控自身的情绪，不易被负面情绪所奴役，也明白如何将负面情绪迅速转化为积极、乐观、开朗的正面情绪。《圣经》云："生死在舌头之下。"这说明积极的语言具有巨大的能量，它可以振奋人的精神、唤起人的活力、产生强大的心理动力，知性女人善于利用这些积极的语言来调节自身和他人的情绪，打开局面、设置良好的谈话氛围，取得良好的谈话效果。

小梅结婚了，嫁给了集团公司总裁的儿子、也是她公司的总经理王鹏。小梅的姿色勉强算得上中人之姿，为何能打败众多对手，成为人人艳羡的总经理夫人？王鹏一语道破了天机："因为和小梅的交流让我心情非常愉悦，和这样的女人过日子，生活一定是美好的。"

在小梅的口中，永远听不到令人丧气、低落、委靡不振的话语，这不仅仅令她自己心情永远明朗，整个人都是明媚可人的，而且令和她谈话的人也充满了积极乐观的饱满情绪。比如要外出办事，遇到晴天，她会说："晴空万里，阳光明媚，今天是美好的一天，一定万事顺利。"假如是雨天，她会说："情深深雨蒙蒙，多么有情调的一天，一边办公事，一边享受这情调，难道不是老天的恩赐吗？"上级叫加班，同事们都怨声载道，她却笑着说："既然拓展不了生命的长度，那就拓展生命的宽度呗！我们的老板还是个哲人呢！"于是大家笑成一团，而老板也不好意思地摸摸脑袋。在小梅的嘴中，从来不会渲染自己的痛苦、郁闷和不快，就算是某一天心情真的不愉快，她也会迅速调节好自己的心态，不让任何人受到她不良情绪的影响，与她对话的人也只会感染到她的淡定从容、乐观向上。很多人奇怪她为何会有这样积极的心态，小梅笑着说："其实道理很简单，快乐是一天，不快乐也是一天，而能掌控自己情绪的只有自己。"正因为这样，小梅的日子才过得有滋有味，而也正是因为她积极阳光的心态才吸引了总经理王鹏，成为人们羡慕的总经理夫人。

西方流传着这样一个故事。一位国王问天下的智者："女人最想要的是什

么？”有人说是爱情，有人说是自由，还有人说是地位……有人认为正确的答案是——女人最想做自己的主宰。这正如诗人亨雷所写的那样：“我是我命运的主宰，我是我灵魂的船长。”小梅是一个聪明的女人，如同所有知性女人一样，她以掌控自身情绪的方式掌控了自己的命运，令每一个走近她的人都向她露出了微笑，这是因为她先将美好的情绪传染给了每一个走近她的人，让每个人都感受到了她的积极、美好、快乐与幸福，最终命运女神也向她展露了微笑。

美国密歇根大学的心理学教授南迪·内森经调查研究发现，人的一生中有十分之三的时间处于情绪不佳状态，若是不懂合理控制、调节自身的情绪，就会将不良情绪带入人际交往之中，影响人与人之间的交流与情感。而知性女人则懂得如何合理地控制自己的情绪，在任何场合都保持积极乐观的心态、优雅淡定的神色、平和的语调，成为自身命运的真正主宰。

说话深入浅出更显深度和风度

才华横溢是知性女人的特征之一，一个知性女人必定博学多识、思路清晰、见解独特。但是这并不代表知性女人说话就一定深奥难懂、令人摸不着头脑。相反，知性女人从不“掉书袋”，更不故弄玄虚、假装深沉。深入浅出，用浅显的语言打动人心、说明道理，才能够显示知性女人真正的才华。

心莲与阿凯两情相悦，顺利步入婚姻殿堂。心莲品貌兼优，阿凯捧在手心怕摔了，含在嘴里怕化了，总想给她最好的生活和最高档的物质享受，但是阿凯一直没有找到发财的机遇，每月的收入只够维持平常的生活，日子过得紧巴巴，阿凯也因此常常愁眉不展，总觉得心莲跟着自己受了委屈。

心莲看到这种情形，心里着急，但是嘴上却并不说什么，她是在找合适的机会。

有一次，他们去看望一个住院的朋友，朋友年纪轻轻却一身毛病，苦笑说这都是拼命工作累出来的。心莲问阿凯："假如给你100万，来换取你的健康，你愿意吗？"阿凯马上回答："当然不愿意。"心莲抿嘴一笑。

又有一次，他们路过一幢别墅，看见里面走出一个白发苍苍的老者，心莲问："给你也住上这样的房子，但是必须变得和这个老人一样老，你愿意吗？"阿凯很奇怪地看着她说："当然不。"心莲又是淡淡一笑。

不久，他们看电视，新闻报道中有一位高官因受贿贪污而被判处死刑，心莲问阿凯："假如给你和他一样的地位和名利，但是却要你付出生命的代价，你愿意吗？"

"绝不！"阿凯叫了起来。

心莲笑了："原来我们已经这样富有了呀！"

阿凯愣住了，但他很快明白了心莲的意思和良苦用心。他一把抱住心莲，感动地说："是的，我们有着金钱、别墅以及高官厚禄都换不来的健康、年轻与生命，这就是我们最大的财富，我们还拥有靠劳动创造财富的双手，还有什么好发愁的呢？"

从此，阿凯变得快乐和开朗起来，他和心莲用心地工作，快乐地生活，再也不奢求自己达不到的物质标准，简单而又充实地过着每一天。

人的才华和学识可以通过语言来体现，但是有时过于深奥、晦涩的语言不仅不能够展示你的才华和学识，反而会使听的人难以理解和接受。这可能是因对方的文化水平不高所造成，也可能是因对方的视野不够开阔、心胸不够宽广所造成。就算是对方的学识水平与自己相仿甚至高于自己，但人们在心理上很难接受，也不愿意接受空洞的大道理和故作高深的说教。正如上文中的阿凯，假如心莲一味地给他讲大道理，阿凯很可能听不入耳、也无法接受，但是心莲却没有讲一句大道理，而是用身边的所见所闻的小事例让阿凯自己领悟了这样一个道理——人生的财富不仅仅只有金钱一个内容，生命和健康远比金钱重要——使阿凯幡然醒悟、豁然开朗，这比讲一千句、一万句人生的大道理更加

形象生动、也更容易为人所接受。

所以，真正有才识的知性女人绝不会用别人听不懂的语言来故作高深，更不会夸夸其谈以满足自己的口舌之欲。深入浅出、用浅显平常的语言、平白朴实的词句令听的人领悟其中的深意是一个知性女人的智慧所在，更能体现知性女人的深度和风度。否则，就算自己的水平再高，也只能让听的人听不懂，甚至越听越糊涂。

适时说些专业术语，彰显职业风采

看到这个标题，有人或许会有疑问：上一章节中不是说知性女人说话不会用别人听不懂的语言来故作高深吗？既然如此，为什么还要说一些专业术语呢？俗话说："隔行如隔山。"在大多数人的印象中，专业术语都是一些令人感觉高深难懂的语言，但是专业术语也有它的优点，那就是精准、简练，尤其对于一个职场女性来说，适时、适地说一些专业术语不仅能彰显自身的职业风采，更能显示自身的业务精专，令听的人更加信服。

一方面，说些适当的专业术语可以显示说话者学术专业方面的严谨性和可靠性。在本专业方面有所建树和专长的职业女性，大多懂得如何在适当的时机使用专业术语来使自己的语言更加具有科学性、更加令人信服。就像许多能够出口成章的人更容易受到别人的尊重和敬仰一样，善于使用专业术语来说明工作、说服他人的女性也同样令人心生敬意。在任何时代、任何社会，女性都是令人尊敬的，尤其是某一行业的女性精英，总会散发着自信、优雅的迷人的光彩，而适时的专业术语更加能够体现你的专业素养和专业水平，令你更加富有魅力。

另一方面，专业术语能够精准地定义行业性质，更加有利于业内人士的沟通与交流。所谓专业术语，是指特定领域对某些特定事物统一的业内称谓，每个专业都有自己独特的专业特点和专业用语，在向上级汇报工作时、在与同事交流时，用定量化的专业用语能使你的发言听起来言简意赅、准确清晰，而这是作为知性女人在职场所必须具备的要素之一。比如作为一个财务人员，就必须经常使用“财务决算”、“利润分析”、“资金平衡表”、“资金周转率”等专业术语。而作为一个IT工程师，则常常将SAP、Java、Web、DBA、AS400和RS6000、Unix后台进程的实现、数据库SQL语句查询、MFC的多文档模板的加载等挂在嘴边，在工作交流时，你的发言就会显得更加合情、合理。

沈琳中专毕业后做了文员，但是她平常对电脑知识很感兴趣，工作三年后，她决定为自己寻找更好的发展平台，于是她决定到另一家大公司应聘IT工程师。经过层层筛选，沈琳最终进入了面试阶段。

面试官看了看她的简历，问：“你原来的工作是办公室文员，现在来应聘IT工程师，你对电脑究竟懂得多少？”

沈琳想了一下，浅浅一笑，回答说：“关键要看是哪种电脑。最简单的是超次掌上型的单晶时脉输出电脑（即电子表），小学时我经常利用它的解译编码作业流程（即闹铃功能）。比它复杂一些的是多功能虚拟实境模拟器（即任天堂），但是我也曾完整测验过许多静态资料储存单元（即单玩卡带破关）。别看我是女生，我对于复频道超高频无线多媒体接收仪器（即电视）很感兴趣，每晚固定时间我都会追踪特定频道的资料（即八点档电视节目）。至于传统的电脑，我则常常监控它进行主储存的单晶体与磁化资料存取之间的信号交换（即DOS开机）……”

面试官笑了：“好了，我相信你对电脑肯定有比较深的了解，而且你的幽默与自信我很欣赏。”后来面试官又简单地提了几个问题，最后当场决定录用沈琳。

在面对面试官近乎挑衅的提问时，沈琳不慌不忙，将一路来对电脑的喜爱和对电脑知识的掌握，运用诙谐轻松的方式娓娓道来，不仅显示了自己在电脑方面的精通和专业，同时也显示了自己的自信与风趣，难怪会令面试官耳目一

新，当场决定录用沈琳。由此可见，适当的时机运用一些专业术语，可以为自己的能力加分，无需多言，你的业务水平和业务能力从这些信手拈来的专业术语中就可见一斑了。

但是专业术语的使用要适可而止，要根据谈话对象的不同而区别对待。恰到好处地使用专业术语对提升女性知性美有着锦上添花的妙用，但是假如你面对的是对你的专业不甚了解、或者文化程度不高的人时，你就不能冒出一大串一大串的专业术语。这样不仅令听的人云里雾里，也会令你的形象大打折扣：因为知性女人在谈话时一定会照顾他人的感受，不会为了卖弄自己故意说一些让人摸不着头脑的专业术语。所以，在交谈中使用专业术语一定要注意适可而止、因人而异的原则，绝不能为了抬高自己而盲目地使用。

言谈之间要照顾对方的感受

有时候，与知性女人交谈令人心情愉悦、如沐春风，这是因为知性女人从不单单考虑自身的感受，而是能设身处地为他人着想，照顾他人的感受，与之对话的人无需担心自己会被嘲讽、被刺痛，更无需担心自己会难以下台。

在人际交往中，出现频率最高，但是却最不受欢迎的是“我”字。亨利·福特二世在描述令人厌恶的行为时，曾经说过：“一个满嘴‘我’的人，一个独占‘我’字、随时随地说‘我’字的人，是一个不受欢迎的人。”在现实生活中，有很多的女性口才不可谓不好，才华不可谓不高，但是却很少有人愿意与之交流，其根本原因就是她们的内心只有自我，只考虑自己的想法，很少顾及他人的感受，开口闭口必谈“我”字。尤其是在春风得意、意气风发之时，她们恨不得将自己的喜事、乐事告知天下所有的人，但却忘了对方或许正处于人生、事业或婚姻的低谷，你的沾沾自喜、扬扬得意在对方的眼中就如一根钢针，会刺痛他们。或许你不曾意识到，当你在得意地炫耀自己的优越感时，你的朋友或同事正逐渐远离你。

在与人交谈沟通的过程中，斟词酌句十分重要，这一点知性女人也不会忽略。因为同样的意思用不同的言语来表达，给对方的心理感受也截然不同。比如，见到刚刚度假回来的女友，不会说话的女人会大惊小怪地叫道：“你是从非洲回来吗？怎么晒得像碳球一样黑？！”爱美的女友肯定会面露不悦之色。但若是懂得照顾他人感受的女人却绝不会用这样的词句，她会笑着说：“你去夏威夷海滩浪漫了吗？你的小麦色皮肤好迷人哦！”女友必定芳心大悦，拿出旅游带回来的特产同大家一起分享。

阿芳应聘到一家五星级酒店做前台接待，上班第一天，经理让她们看了两段录像。

第一段录像中，一位客人在退房时，前台服务员公式化地说：“稍等，我们必须要检查房间物品是否有丢失或损毁。”看见客人有些不耐烦的表情，她又冷冰冰地补充道：“前几天，有个客人将床单烧了个洞，还有个客人偷走了房间橱柜中的毛毯……”客人一听这话，勃然大怒，认为对方在含沙射影，污蔑他的人格，非要酒店给个说法。最后以前台服务员道歉，并且酒店许诺这位客人下次免费入住一个晚上才得以了结。但是这位客人临走时，气愤地说：“下次我再也不会来你们酒店了！”

第二段录像也是一位客人退房时发生的事，在这段录像中，前台服务员接过客人钥匙时，微笑着说：“请您稍等，我们差人上去看看您是否有东西遗落在房间中，给您造成的不便请您谅解。”客人愉快地接受了她的请求。在等待的过程中，服务员热情地为他介绍本地的特色旅游景点和风俗人情，最后客人说自己经常来本地出差，以后就常住这家酒店了。服务员立刻说：“那么您不如办一张贵宾卡吧？这样可以为您节省不少钱呢！”客人欣然接受，办了一张酒店的贵宾卡。

录像放完后，经理问阿芳她们：“明白我给你们放这两段录像的意思了吗？虽然客人退房时检查房间是酒店的流程之一，但是同样的意思用不同的语

言和态度表达出来，会造成截然不同的效果。顾客是我们的上帝，前台接待的任务就是和每一个客人打好交道，令每一个上帝满意。”

阿芳听了，默默地点头，在之后的工作中，她谨记经理的话，对每一个客人都笑脸相迎，将话说得委婉动听，很快就成了酒店的金牌接待之一。

上文的故事中，两个服务员表达的意思都是一样，都是要检查房间，但是前一个本着公事公办的态度，说话不顾及客人的感受，最后引发了矛盾。而后一个则将意思表达得委婉含蓄，让客人感觉酒店是为自己着想，自然心生温暖与好感，成为酒店长期的客人。此外，说话时的态度不同，给对方造成的感受也是不一样的。“嗟来之食”的故事大家应该都听说过，那个愿意将自己的财富施舍给饥饿的穷人的富人原本是仁义之举，但是却因为态度恶劣，好心反而变成了坏事，成为几千年来的反面教材之一。

女性天生善于体察人意。对她们来说，在与人交流沟通时一定要保持和谐互动的良好状态，竭力营造平等轻松的良好氛围，多多感知他人的心意与感受，将话说得委婉动听、亲切诚挚，可以达到有效沟通的目的，树立良好的人际关系，成为人人钦慕的知性女人。

知性女人睿智聪慧，美丽热情

谈及知性女人，人们常用“林下风致”、“兰心蕙质”来形容她们的才情与气质。但是知性女人并非曹雪芹笔下那个恃才自傲、眼高于顶的林黛玉，而是既有深度与涵养、又不失热情与亲切的现代女性。

知性女人的涵养表现在两个方面：一方面是内心的素质与修养，一方面是外在的仪表和谈吐。知性女人独傲群芳的武器已不再是漂亮的容貌，而是浑身洋溢着的高贵气质以及言语间流露出来的知识修养。知性女人将才华当做自己独一无二的“化妆品”，令自己焕发出异样的光彩。但知性女人并没有将自己当做高高在上、令人可望而不可即的冷冰冰的女神，而是亲切热情的现代女性，令人钦羡却又可以亲近。

无论在生活还是工作中，知性女人对待每一个人都是彬彬有礼、落落大方，言谈举止间不会因为对方的地位高于自己而刻意巴结，也不会因为对方的地位卑微而冷若冰霜。无论对待什么样的人，她都能够做到不卑不亢、有礼有节。笑容是她内心热情的表现，愉快的微笑、诚挚的话语，都能让人感受到她内心的善意。难怪有一位知名的作家谈到知性女人时，曾经说过这样一件事：有一次，他去参加一个私人晚宴，宴会上有一位女宾吸引了大家的眼球。她身披貂皮、环佩叮当，但是脸上的表情却冷若冰霜、不可一世，让人感觉像噎了嗓子。是的，无论你自我感觉有多么高贵，假如言行举止之间总是流露出拒人于千里之外的冷漠，那么你就永远不能成为一个真正高贵的女人。

一位富商的太太想换一辆车，于是开着原来那辆破旧的老车来到一家汽车销售店。销售员们看她衣着寻常，又开着一辆破车，因此都表现得不怎么积极热情，销售主管程敏只得亲自上前服务。

“您好，女士，请问您需要我帮忙吗？”程敏热情地打招呼。

“不用，我只是随便看看。”那位太太回答。

程敏带着淡淡的微笑，始终跟在那位太太的身边，虽然不说话，但是却细心观察她的神情变化。当她看见太太的眼睛落在一款新车上突然亮了一下，便马上说：“这是今年的最新款式，让我给您介绍一下好吗？”程敏拿出这款车的宣传资料，详细地介绍起车子的性能和优点。那位太太听着，流露出一丝想买的意愿，但是眼神间还有犹豫的神情，看来还没有最终下定决心。

“这样吧，您先填写一下客户资料，然后我再根据您的要求给你推荐其他款式的车型好吗？”

那位太太填写了资料，程敏细细地看了一下，叫过一位销售员，在他耳边吩咐了几句，这位销售员出去了，过了不久，抱回来一大束鲜花。

“梁太太，今天是您的生日，祝您生日快乐！”程敏递过鲜花，真诚地

说道。

那位太太奇怪地问："你怎么知道？"

"您填写的客户资料上有。"程敏微微一笑。

梁太太非常感动，她接过鲜花，眼睛微微湿润了，说："在这之前，我已经去过三家4S店了，也都填写了客户资料，但是你是第一个祝我生日快乐的人。谢谢！"

最终，梁太太毫不犹豫地买下了那辆新车，并且后来还介绍不少朋友与客户来这里买车，还和程敏成了好朋友。

程敏的真诚与体贴打动了梁太太的心，最后程敏收获的不仅仅是事业上的业绩，更收获了梁太太的友谊，这就是知性女人的生活智慧。微笑是女人最美的名片，知性女人深深明白这一点，所以她们会用微笑来传递自己的热情、快乐、亲切与理解，用微笑展示她们的风度、气度与深度。知性女人是有深度的，她的深度体现在她的睿智与聪慧上；但是知性女人又是有温度的，她的温度就是待人接物的亲切与热情。她的热情不会如熊熊燃烧的烈火，将人烧得晕头转向、无法自持；她的热情就如同温润的珍珠，令人通体舒泰、心旷神怡。知性女人的热情建立在知书明理识大体之上，她的热情适度、得体、大方、持重，就如同传统的中国红，大气却不浮华、明媚却不妖艳。

第7章　喷珠吐玉，魅力女人成功玩转职场

语言表达能力是女人综合能力的一个重要组成部分，女人身在职场，如果想要自己的能力得到肯定，当然不能放弃这个好工具。一个充满智慧的女人懂得利用语言的工具，让自己成为一个吐气如兰、妙语连珠的职场成功女性。

秀出你的口才，让领导对你刮目相看

聪颖智慧的女人，在职场中会充分施展自己的才华。她优雅得体的举止，温情可人的话语，常常能引来众人羡慕的目光。在职场中，这样的女人犹如枝头的鲜花一样，散发着美丽的芬芳。职场的氛围每时每刻并不是轻松愉快的，当空气沉闷、环境压抑的时候，女人如能适时地调节气氛，秀出你的口才，会有很多人聆听你的话语，这无疑有利于工作的顺利进行。沉默、木讷的女人不会赢得人们的喜欢，妙语连珠的女人不仅能获得众人的好感，而且会让领导刮目相看。

问题是，不是所有的女人都能言善辩，精于言辞。有的女人天性胆小，沉默寡言，不敢高声说话，更害怕喧嚣吵闹，遇到事情能躲则躲，从来不敢迎难而上。这样的女人，在职场中很少引起人们的注意，除非逼不得已，人们才与她聊上几句。在人们看来，这种女人似乎很乏味，很单调，只适于做一些简单

固定的事情。公司的重大决策和活动，很少出现她们的身影，很多时候，她们会被遗忘。职场中的她们常常偏于一隅，默默地做着自己的工作。即使受到委屈，也不知道怎么向人倾吐，也从不敢抱怨，心中的苦闷无处发泄，烦恼就会滋生。因此，这样的女人大多愁眉不展。其实，口才并不是天生的，需要经常锻炼。一个沉默寡言的女人，努力学习职场语言，运用得恰到好处，同样能够言辞得当，善得人缘。

漂亮的服饰，端庄的打扮，文雅的谈吐，体现着职场女人的优越。秀出自己的口才，不被职场复杂的人际关系所累，轻轻松松玩转职场，做一个魅力女人，更是每个职场女人的心愿。在职场中，口才好的女人注重谈话艺术，措辞严谨的女人说起话来滴水不漏，不给对方留有反驳的余地，这往往会使她占据上风。领导一般对这样的女人欣赏有加，常会对其委以重任。这样的女人也不会辜负领导的期望，她会凭着自己的优势完成领导交给的任务。职场中，我们经常可以看到这样的魅力女人，也经常被其高超的谈话技巧吸引和征服。

小孙是众人羡慕的白领，薪资很高。在公司工作了一段时间后，她发现，公司的运营方式虽然十分先进，但是公司的惯有的环境非常令人沉闷，每天大家都在埋头做自己的工作，似乎彼此之间都存在着戒备心理，谈起话来距离很远，让人感觉不到一点温暖。这让原本快乐的小孙感到非常压抑。

这还在其次，最近，小孙的工作负担越来越重，许多工作都是老员工强加给她做的。繁重的工作使得小孙感觉特别劳累，她决心不再保持沉默。当一个老员工又给她摊派任务时，小孙直接指出，那不是自己的分内事。那位老员工也许没有想到小孙会出口拒绝，神情很尴尬。但是此后，再也没有人敢给她增加工作量了，负担减轻了，小孙的心情也变得轻松了。其他人看着小孙敢说话，感觉她很直率，开始乐于和她交往。原本性格开朗的小孙又给大家带来了很多欢乐。她的诙谐有趣的话语活跃了公司的气氛，也很快吸引了领导的目光。

能够为大家带来快乐，小孙的心里非常高兴。她还提议公司组织活动以增强团体的凝聚力，这受到了领导的支持。在活动中，小孙非凡的组织能力和口才再一次让领导刮目相看。不久，公司要洽谈合作项目，领导委派小孙出席会议。小孙从没有想到自己能有这样的良机，这也是展现自己才华的好机会。合作项目推介会上，小孙刚柔并济，出色的口才说服多家商家和个人合作加盟，公司签订了多项合作项目，小孙的职位也因此得到了提升。

秀出你的口才，在适当的时机展现出来，身为女人的你在众人面前就会亮出自己独特的风采，受到众人的喜爱以及领导的重用，同时自己的聪明才智也能发挥出来。正如事例中的小孙那样，在别人强加给自己额外的工作、自己不堪重负的时候，能够大胆地拒绝、反驳；在冷淡的氛围不利于工作时，能够调节气氛，使周围的人愉快和谐地相处；在公司需要发展时，能够拓展合作项目，为公司带来效益。这其中一部分靠的就是小孙的口才。必要的时候，女人的口才，就是提升自己的一大优势。

温情言语体现你对同事的关心

不是所有的事情都尽如人意，当你不开心、不快乐时，你最希望的就是受到别人的关爱，得到别人的安慰。没有谁会愿意听那些中伤心灵的恶语，那样只能使自己更痛苦、更无奈、更悲伤。纷繁的职场中，很多人都在忙于自己的事务而无暇顾及他人。实际上不是所有的人都会注意到别人的心绪，当自己被各种烦事困扰、心情焦虑紧张时，身在职场的你，能否展现女人温柔的一面，用女人的体贴来抚慰同事受伤的心灵，倾听同事的心声呢？

懂得温柔的女人，不会只顾及自己的感受。她会用柔和的话语劝慰同事，凡事要想得开，不要斤斤计较，胸怀要宽广。否则，只能损害自己的健康，不利于自己的职业发展。没有人喜欢恶声恶气，尤其是在自己遇到事情烦恼焦急的时候。温柔言语能够化开同事心中的郁结，使其摆脱烦恼的困扰，拥有一个

全新的心境，重新开始认识自我、认识工作。女人善于用温情言语体现对同事的关心，不仅可以赢得同事的感激，还能够拓展人际关系、赢得好人缘。出言不逊、恶声恶气的女人，不会被同事所喜爱。在同事为事情烦恼的时候，搬弄是非的人只会在旁添油加醋，懂得是非曲直、会用言语圆融变通的女人能够使同事之间的关系更和谐。

温情言语在职场中往往起着至关重要的作用。在职场中自由驰骋的女人，能够心平气和地对待同事，包容同事，体贴同事，自然能赢得人们的喜爱。

静安从事版面设计多年，在公司很受领导器重。可是，最近发生的一件事却使她非常烦恼。她所在的公司和一家大公司合作，共同做两个版面，领导把这个任务交给了静安，限期在两天之内设计出来，因为这关系着以后的合作。所以，领导要求静安要多思考，尽量设计出美观、实用、巧妙的版式。静安参考了现今流行的多种版式，运用自己多年的实际经验，根据已有内容设计出了一个版面。无论是从内容，还是以视觉冲击力方面来说，都给人一种新鲜的感觉，自有其独特的风格。然而，当静安交过任务后没几天，领导反馈回来的消息却令她很失望，对方公司对她的设计不是很满意，并提出了几点建议。静安看着退回来的版面，灰心到了极点。她整天想着这件事，感觉自己很没面子，自己多年的拼搏似乎毁于一旦。

思琪是静安的同事，对于公司的对外合作并没有过多的了解，这几天看静安心事重重，一副愁眉不展的样子，公司的气氛似乎也很紧张，就猜测公司有什么事情发生。下班后，思琪走近静安，轻声询问她有什么事情需要帮忙的。原本一筹莫展的静安看了看思琪很认真的样子，从心底感谢思琪的关心，于是，就把自己设计好的版面被退回来的事情告诉了思琪。让她没有想到的是，思琪不但没有嘲笑她，反而温柔地劝慰她不要着急，并帮助她分析了对方公司的建议，觉得那些建议很有道理，劝她按照对方公司的建议把自己设计好的版面重新改动一下，也许还有机会促进和对方公司的合作。

静安在思琪的安慰和鼓励下，不再消沉，她把自己设计的版面重新审视了一下，终于找到了问题所在。她根据对方公司的建议把版面进行了修改、美化，当她把设计的版面重新交给领导时，完全出乎领导的预料。领导很快与对方公司约谈，没想到对方公司代表看到修改美化过的版面，大加赞赏，两家公司的合作事宜顺利达成。静安因此受到了公司的奖励，她一再向公司领导表示，这应该感谢思琪的关心，是思琪给了她信心和勇气，鼓励她完成了设计版面的任务。思琪也因此受到了公司的嘉奖。

温情言语能够激励人走向成功，在同事灰心失望、一蹶不振的时候，智慧的女人会及时温柔地鼓励同事，帮助同事走出阴暗，走向成功。在同事需要帮助、需要关心的时候，冰冷的言语会使人走向绝望，女人如果能充分发挥自己的优势，用自己的温柔，就能帮助同事走出失望，燃起其新的希望。事例中的思琪，在静安遭到挫折，情绪低迷的时候，用温柔的话语化解了静安心头的阴霾，使静安能够重新审视自己的劳动成果，认真作出修改，促成了两家公司的友谊合作。

女人在职场中犹如雅丽的玫瑰，散发着动人的清香，温暖着他人的心房。职场中，对同事多一份关心，多一份体贴，多一份热情，多一份帮助，用暖人话语融化同事心中的坚冰，既能让同事树立自信，也能让同事享受到对于的关爱和温暖，把职场营造成温馨的乐园。

帮同事圆场，增进同事间情谊

即使再亲密的朋友，也有出现隔阂的时候。在职场中，同事之间也会产生或大或小的摩擦，出现不愉快的场面。不是每个人在职场中都能应付自由，有的人天生笨拙口讷，虽然平时谨慎地做着自己分内的事，但是仍然免不了被人责怪，纵然有满肚子的委屈，泪水也只能往肚子里咽。特别是女人在遭到别人指责有了口舌之争时，更是显得软弱。此时，能说会道的女人如果能出来打

圆场，对同事来说无异于一副良药，同事内心的焦急、烦恼、压抑都会慢慢平息。女人在不知不觉中扩展了自己的人脉，职场生涯也得以不断延伸。

同事间的深情厚谊对于每一位职场人士来说，都是难以忘怀的。在职场打拼的女人，不会囿于自己的小圈子，即使对于不太熟悉、不太了解的同事，她也会真诚地对待。在同事被人拆台面临困境的时候，善于言辞的女人不妨打打圆场，在劝解一方时，不得罪另一方，尽量使双方都能保全自己的颜面，从而化敌为友。这样，双方都会对女人产生好感，增进友情。

马晓任职于一家教育公司，主管教育产品的研发及销售。新来的员工小刘虽然人长得漂亮，但是工作能力并不强，却仗着自己是公司领导的亲戚经常对别的员工出言不逊，马晓为此很伤脑筋。公司的同事都不怎么喜欢小刘，有的同事碍于公司领导关系，虽然表面上不说，心里却对小刘异常不满，公司的人际关系非常紧张。久而久之，同事们对小刘都是不理不睬的，一向骄横的小刘感觉十分孤单无聊，经常去招惹别的同事，与别的同事“撞单”，终于与同事产生了矛盾。

一次，同事子怡联系到一个客户，当她与客户约好去对方公司与其签订合同的时候，令她意外的是，小刘竟然先于她到场与客户签订了合同。回到公司，子怡向马晓作了汇报。

对小刘观察了多日的马晓，逐渐了解了小刘的秉性。她找来小刘询问情况，小刘一口咬定那是她谈好的客户，是子怡在与她抢客户。子怡着急得几乎掉下泪来。马晓急中生智，她毫不留情地打断小刘的辩解，向她重申公司的员工销售应遵循的原则，并婉转地告诉小刘，公司对于每个员工都是一样的，如果她确实有能力与客户进行交流和沟通，她就会拥有源源不断的客户，业绩自然就会提升。

小刘认识到自己的错误，一向高傲的她低下了头，忙向子怡道歉，并表示以后会靠自己的实力争取客户。子怡也意识到自己的冲动，看到小刘真诚道歉便原谅了她，并表示自己会在工作方面帮助她。小刘仿佛瞬间成熟了许多，从此，与子怡成了很要好的朋友。

职场中出现的矛盾和纠纷，如果不及时化解、任其长存下去，势必会影响人际关系，工作环境也会变得一团糟。事例中的马晓，在小刘倚强仗势、恣意妄为、不利于公司发展的时候，不再姑息迁就，而是运用自己的智慧和口才，道明其中的利害关系，使小刘明白如何与同事相处，如何学习同事的长处，靠正当的途径获取财富。

同事间的和谐相处，能够产生深厚的情谊，增强团体的凝聚力，促进公司的良性发展。对职场生涯抱有美好憧憬的女人，会努力争取自己的未来。在与同事的相处中，她不会沉默不言，在恰当的时机，秀出美妙的口才，保持一团和气，使同事间的友情在不知不觉中萌生、延续，只有创造良好的职场氛围，个人才会有较大的发展空间，美好的前景就会展现在面前。

说领导和同事的“坏话”，必食恶果

说话是一门艺术。

一个对领导满肚子牢骚的女人，只会引起领导的厌烦，轻则不被重用，重则被炒鱿鱼；一个对同事恶言相加，说同事坏话的女人，不但得不到同事的信任，而且会受到同事的猜忌，遭人唾弃，往往会陷入孤立无援的地步，在职场中举步维艰。明智的女人，不会当面说领导和同事的“坏话”，也不会暗地里戳别人脊梁骨。对领导和同事有合理的意见、看法，英明的领导和胸怀大度的同事或许会耐心聆听并接受你的意见，但是如果对领导或同事进行过分的指责或侮辱谩骂，将会出现让你意想不到的后果，这当然不是每个职场女人所希望看到的。

愚蠢无知的女人常会在背后说领导和同事的“坏话”，当她滔滔不绝地向人卖弄她的口才，损坏他人形象时，她并没意识到这是在给自己挖掘陷阱。

这样做的结果不仅使领导和同事对其以前的印象大打折扣，而且无异于自毁前途。这样的女人只会把职场搞得乌烟瘴气，给同事心理造成灰暗的阴影。一个有自知立明的女人不会说那些损人形象，挑拨离间的“坏话”，破坏团体的和谐气氛。一个不懂得维护人际关系、处处损害别人名誉的女人，只会落得悲惨凄凉的下场。

陈静参加工作已有五六年的时间，在公司属于资历较深的人。最近公司招聘了许多年轻的员工，富有朝气的新员工给公司注入了青春的活力，他们勤奋认真的工作态度受到了领导的肯定。领导和这些新员工相处融洽，以前在领导面前备受器重的老员工陈静接受不了这些，她仿佛一下子受到了冷落，心里极不平衡。

陈静看什么都不太顺眼，就经常和别的女员工私下议论，言语中不由自主地流露出对领导和同事的不满。当她又一次抱怨领导眼里只有新员工时，说有的新员工业务不精、关系暧昧的时候，正好被领导撞个正着。虽然当时领导没说什么，但是神色显得特别冷峻。陈静心里一凛，隐隐约约感觉到有什么不好的事情要发生。

果然，第二天领导就把陈静叫到了办公室，通知她另寻工作。自己为公司工作了这么长时间，竟然被辞退，这太不公平了，自己不能一走了之，她强力为自己辩解。但是领导丝毫不为所动。陈静希望同事们能为自己说话，但是，当她向同事求助时，竟然无人愿意为她说半句好话。陈静彻底失望了，她无奈地离开了公司。

发挥自己作为女人的优势，巧言善变，由衷地赞美领导和同事，多为领导和同事考虑，就能够受到领导和同事的喜爱。事例中的陈静，在自己受到冷落的时候，并没有好好反省自己，反而对领导和同事产生意见，说他们的坏话，只能自食其果。

有主见、自制力较强的女人，善于接受新事物，结交新人，也善于发现他人的优点。总之，一个不说破坏人际关系不利于团结的话的女人，在职场中才能如鱼得水。

多赞赏同事和下属

女人的魅力不在于是否穿着华丽，不在于是否开着名车，有时一句赞赏的话就能体现女人的魅力。女人美好的言行会给人带来愉悦，会受到同事和下属的喜爱，会使女人更受宠，更有利于女人在职场中的发展。

女人在与同事和下属相处时，如果疾言厉色，同事和下属心中就会滋生不满，心中反感，从而排斥这样的女人。一个受排斥的女人，她的职场之路注定难以维持长久。聪明的女人不会给自己造成阻力，她明白如何在职场中展现自己的魅力。其实，多赞赏同事与下属，营造良好的工作氛围，女人就会得到同事和下属的认可。

在同事和下属面前威风八面，言辞凌厉的女人，很难维持好自己的人际关系，职场之路也会越走越窄。每个人都希望听到悦耳的好话，那些恶声恶气、气人肺腑的话语对于职场中的同事和下属来说，无异于头顶响雷，耳边炸弹，谁也不希望听到。女人在与同事和下属相处时，对于他们的言行不应横加指责，对他们好的行为要发自内心地赞美，这样就会赢得同事和下属的喜欢，女人的职场之路也会越来越宽。对同事和下属经常批评的人，习惯性板着一副严肃的面孔，让人生畏，令人厌恶。职场女人应该在同事和下属面前表现女性温柔、大方的一面，要对他们多加赞赏；对于同事和下属身上的缺点或所犯的错误可以委婉地指出，让他们自觉改正，从此对女人心服口服。

江玉是一家公司的主管，由于她出色的管理能力，深受公司器重。在日常的工作中，江玉总是一丝不苟，对待下属是和蔼可亲。在江玉的带领下，她主管的部门氛围和谐，大家做事齐心协力，为公司创造了良好的效益。这主要得益于江玉的领导。在与同事相处时，对于同事的好处，她从不吝惜赞美；对待下属的工作，她会积极地给予正确的指导；对于下属做得不正确的地方，江玉也会婉转地指出。下属因此很体谅江玉，对她很是感激，也心甘情愿为她分担负担，事事处处都为她考虑。

公司新来的员工小丽对业务不太熟悉，即使做错事，江玉也没有像别的上司那样对她大肆批评，而是询问她擅长的地方，让她参加培训学习，以便让她掌握最基本的业务技能。小丽见江玉不但没有责怪自己，反而给自己学习的机会，对江玉从内心深处充满了感激，因此刻苦学习专业知识，业务能力迅速提高。

在以后的工作中，小丽学到的专业技能得到了很好的运用，她的工作做起来得心应手。对于小丽的进步，江玉及时给予肯定和赞扬。江玉作为部门女主管，不仅对小丽如此，对待其他同事和下属也是如此。江玉与同事和下属能够真诚相待，和谐相处，使所在部门员工精诚团结，因此受到同事和下属的钦佩与爱戴。

职场中的女人，无论职位高低，都想为自己营造有利的发展空间。在同事面前，她不会傲慢无礼，故意表现出一副高高在上的姿态。她懂得在别人心目中塑造美好的形象，善于学习同事的长处；对待能力不足的下属，她明白一味批评只会引起别人的反感，结果适得其反。尽管出于好意，也容易引起别人的误解，使别人不敢走近。每个人都有自尊心，聪明的女人会维护下属的自尊，在不伤害下属自尊的同时，婉转地示意下属该如何去做。即使再愚笨的下属，也会感谢领导的栽培，努力改变自己。

能够在职场中得到同事和下属的喜爱，对于职场女人来说，是一种幸福。同时，她也会用自己的热情去感染别人，与大家共同创造良好的职场环境。多赞赏同事和下属，维护他们的面子，不唯我独尊，才能受到大家的欢迎而不至于孤立无助。职场中的女人，要想改变自己的处境，就要学会用自己的热情去鼓励同事和下属，为自己赢得好人缘，从而让自己的职场走得更加顺利。

赞美领导别过火，说到点子上更重要

善于游走职场的女人，更注重与同事的相处。同事相处得好，自然和谐融

洽：相处得不好，难免抑郁烦闷。和领导相处也是如此。如果女人能摆正自己的位置，就会轻松自如地与领导处理好关系。

职场女人想处理好人际关系，就要与人为善，待人和气。与领导相处时，要根据领导的性格和场合说话。不能因为领导性格温和，女人就以为可以放纵自己，与领导嘻嘻哈哈，这在无形之中就给人留下了轻薄、不认真的印象，很难受到领导的重用。有的女人喜欢在领导面前说漂亮话，不惜甜言蜜语，恭维领导，但是恭维领导千万别过火，说到点子上更重要。如果恭维过度，说话不着边际，很容易被人认为是溜须拍马，还会引起领导反感，不利于自己在职场中的发展。

女人在和领导相处时，要认真领会领导的心思，说到点子上，才是正理。有的事情不能过问，就不要表现出好奇心来。摆正自己的位置，注意自己的言行，在不同的场合，适时地恭维领导，既能突出领导的显著地位，也能显示出自己说话的分量。尽量多做事少说话，多些警惕，少些恭维。在某些程度上，领导看重的是女人的工作能力，而不是那些似是而非的恭维话。如果恭维得不得当，不仅得不到领导的欢心，自己还会陷入尴尬的境地。

做行政人事的马蕊在公司是如鱼得水，可以说要风得风，要雨得雨，这都源于公司领导对她的重用。而马女士天生一副好嗓子，又会察言观色，对领导的心理了如指掌，这仿佛让领导找到了知音，有什么事情都会告诉她，让她为自己参谋。深知领导心思的马蕊巧妙地献计献策，并不失时机地对领导大加恭维，这让领导感觉非常受用。但是随着时间的推移，领导对马蕊的恭维似乎有些麻木，不再那么感兴趣了。

特别是近期的一次会议安排，邀请一些业内人士出席，领导仍然交给马蕊去办。当马蕊看到受邀请的人士中有许多社会名流时，又开始大献殷勤，吹捧领导社交广，见识多。在会议期间，马蕊当着众人的面，称赞领导慧眼识英才，知人善用，对宾客热情真诚。被邀请的业内人士原本就与马蕊的领导熟悉，虽然没有当面点破她，但是大家都相视而笑。

没过几天，马蕊就被调离了工作岗位。马蕊思前想后，也想不出个所以然

来。一位同事见她还执迷不悟，就一语道破天机，指出她对领导太殷勤了，话虽多，却没有说在点子上。在大家看来，那就是溜须拍马，对领导极尽奉承之能事。短时间的恭维话能博得领导的好感，即使领导知道马蕊的话不是全部出于真心，只要感觉身心舒服，他也会很乐意听。然而，随着时间的过去，领导对马蕊的恭维话已经感到厌倦，特别是在人多的场合马蕊对领导的吹嘘，虽然是在恭维领导，但是却不知已让领导的身份却掉了价。一向口甜似蜜的马蕊顿时哑口无言。

职场女性在与领导相处时，要尽量保持心态的平衡，有的领导不喜欢人前人后地恭维，认为那是往自己脸上贴金，看着体面，实际上是在给自己负重。当然，领导也不喜欢这样的人，尤其是这样的女人。事例中的马蕊经常对领导恭维，不分场合、不分情况对领导恭维过火，才给自己造成了被辞的恶果。

职场女性，在合适的场合，对领导进行适时的恭维、赞扬，能够得到领导的喜爱，甚至会被委以重任。但是要切记，恭维领导不要过火，那样无异于溜须拍马，搬起石头砸自己的脚。在与领导相处时，要注意说话的场合和分寸，最好句句说到点子上。这样，说话才有分量，领导才会欣赏，自己在职场中才能施展自己的才能，让职场路一帆风顺。

谨慎诚心地沟通，让合作事半功倍

在职场中我们常常可以看到这样的女人，她和领导、同事谈笑风生，在工作上，她认真努力，与同事通力合作，因此工作事半功倍，能够取得意想不到的效果，赢得领导和同事的信任、认可、赞叹。这也说明，女人在与人沟通交流时，来不得半点虚假，如果女人虚伪造作，就不会得到别人的信任，更不会与别人有较好的合作，取得事业上的成功。

懂得真诚沟通、与人相处的女人，她有着较强的人际交往能力，她知道与人为善，能够赢得他人的信任。她不会用虚伪的言辞与人进行交流。能够用自己的诚心感动对方，照亮对方，用自己温暖的话语抚慰对方，达到思想和认识上的共识，在合作中取得双赢。

海丽刚刚大学别业，应聘到一家公司做职员初入职场的她看到这家公司发展空间很大，正符合自己当初选择的愿望，心里异常兴奋。但是公司的气氛非常严肃，竞争很激烈，工作做起来也是环环相扣，出不得半点差错。一向活泼开朗的海丽刚开始感觉自己很不适应，工作做起来也没那么顺利。有些同事对她也是不热不冷，态度很不友好。这对海丽来说，不啻于一个很大的打击。着急的她沉静下来经过反思，认为还是自己对同事不太了解，平时说话只顾自己的感受，没有顾及同事的感受。找到原因之后，她决心用自己的热情和真诚去感动同事，以便让同事从内心深处接受自己。

在此后的工作中，海丽主动去接近同事，经过一段时间的接触，同事被她的真诚和热心所感动，渐渐地都乐意与她交往，愿意把自己的心事告诉她，有什么烦恼和困难海丽都会想方设法帮助他们，同事们也愿意让她分享自己的快乐。海丽的诚心打动了同事，她的灿烂的微笑如三月的阳光一样温暖着同事们的心。同事在工作上也为海丽提供更多的便利，有了好的项目也乐于告诉海丽，让她参与到其中。

海丽和同事共同为公司营造起良好的工作环境，在公司领导的带领下，公司实施的项目不断增加，实力也在不断增强，年营业额突破本公司有史以来的最高纪录。在公司召开的年度工作表彰会议上，海丽当仁不让地被评为优秀员工，获得了公司的先进个人奖。

巧言花语、虚伪造作的女人在职场中很难长期立足，这样的女人既不会为自己拓展人脉，也不会得到别人的信任。只有真诚地与人沟通交流，职场中的女人才会拥有更多的与人合作的机会。

第8章　妙语生财，聪慧女人念好生意经

在日常生活中，有些女人的口头表达能力不比男人弱，有的女人甚至比男性更优秀。不过，若是生意场上的谈判，女性或许就比男人差上一截了。所以，女人若想从男性定制的游戏中打开局面，你必须发挥独有女性特质，妙语生财，努力念好生意经。

谈判前缜密布局，句句说到对方心坎上

渴望成功，是每个职场女人的梦想。如何找到通往成功的捷径，快速成为谈判高手，成就自己的事业，对于职场女人来说，极其重要。在职场取得成功、业绩辉煌的女人，大多是口才极佳，自信心强，有胆识的女人。遇事畏畏缩缩，不知进退，说话不着边际的女人，无论做什么事情都难以成功。在生意场合，只有谈判前经过缜密布局，抓住要害，句句说到对方心坎上，职场女人才能征服对方，成为谈判高手，使事情得以顺利进行。这首先就要求女人要自信、细心，考虑周全，做到未雨绸缪。

在谈判前布局前，选好时间、地点，考虑到谈判中的每一个环节，谈判就能轻松愉快地继续下去。谈判前如果没准备，答非所问，谈判很可能会以失败告终。谈判还应注意说话的方式，说话内容层层过渡，不可全部说出来，否则，话语只会使淡而无味。应给对方搭台，尽量让对方说话，了解对方的所需，尽量让对方感到自己是为其考虑，让其感受到自己的真情实意。这样的谈判才会有更大的吸引力，在谈判过程中才能获得对方的信任，赢得对方的认可，说话也就可以顺水推舟，轻轻松松地使事情得以顺利解决。

陈倩做业务多年，在公司内她是业务骨干，在行业内堪称精英典范，受到同事的艳羡。每当回顾起自己的工作经历，她就百感交集。在刚开始步入职场时，陈倩对业务很陌生，只知皮毛。上司也只是进行了简单的指导，就让她自己去联系客户。虽然陈倩竭尽全力，也没有几个客户相信她。在客户眼里，初出茅庐，涉世不深的陈倩并没有什么超人之处。寥寥的几个客户让陈倩倍感失望。

但是，陈倩很快平静下来。心想要把业务做好，就要取得对方的信任，让对方相信自己的能力和公司的实力。她一面认真学习专业技能，一面分析自己以往与客户谈判时的失误。经过认真思考，她决心从新的角度与客户进行交流，以便扩大自己的客户群，提升效益。

当她再次联系到新客户时，她从侧面了解了那位客户的兴趣、爱好，明白了客户的需求。在决定与其面谈前，她精心选择了适合那位客户谈判的场所。谈判时，当那位客户来到约定地点，喜悦之情溢于言表。轻缓的音乐，温馨的环境，让原本心存疑虑的客户感受到了真诚，二人的心情顿时放松了下来，很自然地开始了交谈。结果也可想而知，陈倩的谈话使那位新客户看到了合作的前景，谈判自然取得了成功。业务有了新的进展，在以后的工作中，陈倩因人而异，逐渐了解客户的不同需求，从多方面考虑客户需求，受到了客户的赞扬。从此陈倩的客户剧增，其业绩也在不断攀升，陈倩也因此受到了提拔。

谈判前缜密布局，多为对方考虑，句句说到对方的心坎上，合作就容易成功。如果谈判前不明白对方的所需，即使职场女人说话滔滔不绝，谈判也会有始无终。事例中的陈倩，初入职场的她经验不足，很少客户与其合作。在分析了自己的失误之后，她很快抓住了客户的心理，因需而变，在考虑客户需求的同时，让客户真实感受到了她的真诚，从而乐意与她合作。

职场女人要想取得谈判成功，职场女人就应该未雨绸缪，缜密布局，句句说到对方的心坎上，才能打动对方，拉近距离，实现业务合作。

多说好话，“和气生财”才是根本

职场中，大家都讲以和为贵，和气才能生财。多说好话，语言融洽，才能温暖人心。俗话说，良言一句三冬暖，恶语伤人六月寒，可见说好话的重要性。懂得体贴别人、照顾别人的女人，与周围的人容易构建和谐的人际关系。只顾自己，对别人横挑眉毛竖挑眼，说话恶声恶气，言语难以入耳的女人，不仅会破坏人际关系，而且还会使自己失去钱财，丢掉工作，陷入祸患。职场中，优胜劣汰、适者生存的法则任何时候都不会过时，女人要适应职场，而不能让职场适应自己。适时地改变自己，多说好话，和气生财，才能在职场生存下去。

在职场中，不会说好话的女人还会受到别人的排挤，别人有了财富也不会与她分享。职场女人要多说好话，懂得和气生财才是根本。因此，保持一团和气，用自己温柔的话语去感化别人，才能创造出更多的财富。

师心参加工作已经有3个月了，论起工作量，她并不比别人少。但是，她的薪水却极低。每次领到微薄的薪水，师心都非常苦恼。想起自己在工作中付出的努力，师心总感觉自己太亏了，心里非常憋屈，想找人诉苦，却发现没有人愿意听自己诉说。

原来，在平时的工作中，师心因为事情繁多，感觉劳累，经常唠叨抱怨，和同事说话，也总是情绪反常，言语中多有顶撞，这让同事非常反感。同事对于师心工作中的失误，尽管心里明白也不愿意给予指正，因此，尽管师心为工作付出的努力不少，但是收效甚微。

怎样才能提高自己的薪水，增加自己的财富呢？师心为此大伤脑筋。看到别人都在埋头做自己的工作，师心心里萌生了新的想法。她不再像以前那样对别人言语相激，在与同事说话时改变了口气，声音渐渐柔和了。令她惊奇的是，以前对自己不理不睬的同事态度竟然很亲切，这让她感觉十分温暖。她虚心地向同事请教工作上的问题，同事也给予她积极耐心的指导。

讨教到了新的工作方法和经验，师心如获至宝。当她运用到工作中时，竟然收到了事半功倍的效果。当然，师心的薪水也提升了很多。这让师心深切感受到了和气才能生财的重要性。

好话人人爱听，多说好话，保持一团和气，能为职场女人带来巨大的财富。事例中的师心，最初言语难听，没有同事愿意理睬她，尽管工作量大，但是薪水很低，后来明白了自己言语不周，开始对同事调整态度，变得和气，和同事紧张的关系才有所舒缓，得到同事的指教，自己的财富也逐渐增加。

多说好话，并不是要让女人溜须拍马，而是要求女人能够和气地和别人说话，共同创造财富，进而在职场中能够长期发展。如果女人吝惜自己的好话，即使有晋升或获得财富的机会，也会让其悄然溜走。职场中，好话就如蜜露，能够润人心田；坏话就像毒药，伤人害己。身在职场的女人，多说好话，懂得和气生财的道理，她的财富就会越聚越多。

以退为进，看准时机再放“狠话”

职场中，女人要处理各种各样的人际关系，如果处理得不恰当，就会伤及对方的自尊心，使事情不能顺利进行。所以，处理人际关系，方式要恰当，要做到既不得罪别人，也不伤害自己。人际关系处理得好，就能和平共处，相安无事；如果处理不好，不仅会闹得不愉快，还会伤害自尊心。如果女人在职场

中遇到故意纠缠不清的人，不要一时慌了手脚，要保持镇定，先稳住对方，找到合适的时机，再“惩罚”对方。

在职场中，说话时以退为进，以柔克刚，才能给自己留出足够的空间，使自己有回旋的余地。当然，职场女人在放“狠话”之前，要明白最终的目的是化解纠纷，处理好人际关系，只要对方心悦诚服即可，不可逼人太甚，否则，只能起到相反的效果。

珍珍刚到一家公司上班，上司就交给她一项任务，让她对公司内部的员工进行量化考核，并为她提供了详细的员工资料和工作记录。这项任务看似简单，但是如果不遵循公平的原则，难免会引起公司员工的不满。珍珍对员工的资料进行了认真的分析和评估，本着实事求是的原则，她对员工的工作进行了量化考核，并呈报给了上司。

没过多久，公司的一位老员工沈玉怒气冲冲地找到她，对考核结果提出了质疑，并以自己工作多年的资历厉声斥责沈玉的无知。看到沈玉愤愤不平，疾言厉色，一点也不给她留情面，珍珍克制住心头的怒火，客气地对沈玉说，她会对沈玉的工作进行重新考核，过几天会给她回复。然而，沈玉仍然抱怨不已，但是语气已经有所缓和。珍珍忙给她倒了一杯茶水，劝慰她消消气，询问她工作中有什么困难。沈玉渐渐冷静下来，感觉自己这样对待珍珍也不太妥当。

珍珍又对沈玉的资料和工作进行了分析，沈玉听着珍珍的话有头有道，再也提不出什么异议，也意识到自己做事说话太唐突。看到沈玉闭口不言，珍珍又提出会把此事回报上司。沈玉顿时慌了神，她忙请求珍珍不要这件事告诉上司。珍珍点到为止，同时也诚恳地对沈玉说，以后的工作请她多多指教。

人际关系处理得好坏，关系着女人在职场中的发展。能说会道的女人，善于抓住对方心理，以柔克刚，化解矛盾，平息对方的怒火。不会处理人际关系的女人，不知进退，言语之中经常会冒犯对方，使矛盾激化。事例中的珍珍面对公司老员工的斥责，能够控制住自己的情绪，以退为进，才使沈玉心悦诚服，化解了一场风波。

以退为进，为自己留足说话的空间，职场女人就能够处理好人际关系。即使面对的是来势汹汹、蛮横无理的人，职场女人也能化险为夷。以退为进，看准时机再放“狠话”，就可以击败对方，化敌为友。善于说话的职场女人，即使棋逢对手，也能运筹帷幄，决胜于千里之外。不善于说话的职场女人，在与人交际时，会引起对方心头的怒火，激化矛盾，人际关系也会因此变得恶劣。因此，职场女人要想拥有和谐的人际关系，必要时要学会以退为进，从而取得人际关系的胜利。

签订协议之前，也要把“丑话”说在前

在职场中，协议制约着当事人。严格按照协议做事，不违背协议约定的内容，是双方诚信的表现。一方一旦违约，就要承担相应的责任和后果。协议事关双方的利益，既能保护自己的利益，也制约着自己的行为。职场中，女人离开了协议几乎寸步难行。签订协议之前，女人一定要把“丑话”说在前面，以免日后引起纠纷。

签订协议，不要只考虑到对方，或者一味顾及对方的情面，而不敢为自己争取利益。在签订协议前，要妥善行事，三思而后行，考虑周全，积极为自己争取利益。对于协议中不合理的地方，要勇敢地提出来，不至于落入协议的陷阱。对于那些苛刻的履约条款以及违反有关法律的规定，职场女人要具备防范意识。协议中这些条款的设置，大多在不太显眼的位置。女人一定要注意这些隐性条款，否则，自己的利益将会得不到保护。

丑话尽管难听，但在一定程度上保证了自己的利益。俗话说害人之心不可有，防人之心不可无。签订协议前如果出现疏漏，就会损害自己的利益。签订协议之前，把丑话说在前面，保证双方的利益，一旦出现纠纷就能照章办事，

不会出现不公正的现象。所以，职场女人，签订协议前，要严格谨慎，细心全面地看清协议的内容，本着诚信、公平的原则，约定协议内容，以避免出现不必要的纠纷。

陈琪大学毕业后，由亲戚介绍进入了一家公司。在与公司签订协议时，碍于亲戚的情面，陈琪只是大致浏览了一下协议内容，就签上了自己的名字。此后，陈琪在这家公司工作了三年，虽然工作很累，薪资不高，但是陈琪任劳任怨，从来没有叫过苦，喊过累。然而，令她没有想到的是，在公司最近的一批裁员名单上，她的名字赫然在列，这让她深受打击。

然而，公司的裁员已定，陈琪需要另寻出路。但是当她离开公司，到处寻找工作时，她才发现，和她一样离开公司的部分员工却获得了补偿。她去找公司询问，有关人员查询了她与公司签订的协议，告诉她协议里没有写有关补偿问题。陈琪这时才意识到，自己当初是多么幼稚、粗心。

再次寻找工作时，公司负责人要求她签订协议，陈琪吸取了以前的教训，仔细看了公司拟定好的协议后，她发现了几条不利于自己的隐性条款，经过精心考虑，她终于鼓足勇气，要求公司删掉那几项不合理的条款。公司负责人认真听取了她的建议，对协议重新做了修改。陈琪的利益受到了合法保护。

合法合理的协议，能够保护当事人的利益。不合理的协议，对于职场女人来说，不啻于一口陷阱。在签订协议前，认真思量，周密思考，职场女人就可以避免自己的利益受损，从而保护自己。事例中的陈琪，在找第一份工作时，碍于亲戚的情面，协议只是草草地看了一下，就签上了自己的名字，以致后来没有得到赔偿。后来吸取了教训，维护了自己的正当利益。

签订协议前，职场女人只有考虑周全，注意协议中的隐性条款，才能维护自己正当的利益。但是我们经常会发现这样的情况，有些职场女人为了在职场暂时有栖身之处，或委曲求全，或碍于别人的面子，不敢提出自己不同的意见，以致错失良机，在工作中出现纠纷，只能默默忍受。为了避免出现这种情况，职场女人要勇敢地说出自己的想法，看清协议条款。把“丑话”说在前面，才能防患于未然。如果不敢表达自己的想法，说话唯唯诺诺，即使签订了协议，那也像一纸空文，对职场女人没有什么较大的价值。不要担心自己不被聘用，只有争取自己的利益，公司才会为你提供更大的发展空间。

机警聪慧，跳开对方言语陷阱

职场中的人际交往，并不是所有的话语都实实在在，让你不用猜疑，不用费心。有的话语看似关心体贴，却内含玄机，深如陷阱。稍有不慎，就会陷进去，导致祸患不断。机警聪慧的女人，几句话就能跳开对方的言语陷阱，使自己化险为夷。如果有人对你显得特别“关心”，就要注意对方的话语是否包含着利益成分，与对方谈话麻药注意跳出对方的言语陷阱。

如果上司和职场女人谈话，对她嘘寒问暖，进而征求她对别人或公司的意见或看法，同事们就会对她敬而远之，职场女人就会陷入孤立无援的地步，上班的日子也会越来越难，离职通知就会很快到达。职场女人，在与上司谈话时，要时刻注意自己的一言一行，避免进入上司的言语陷阱。机警聪慧的女人，当上司和她谈话时，不会把自己知道的和盘托出，因为这样一不小心就会踏入上司的言语陷阱。

小王在公司工作两年多，工作可谓是尽心竭力，虽然工资不高，但是心里还算喜欢。但是这天，公司负责人却带来一位刚毕业的大学生小赵，告诉小王这个新人是过来实习的，希望小王在工作上对他多加指导。小王看小赵挺上进，爱学习，就把自己的工作经验毫无保留地教给了小赵。两个月过去了，小赵已经掌握了工作的全部要领，并且能独立进行策划。

看到小赵已经对工作了如指掌，公司负责人就让小王把任务交给小赵去做。小王这才意识到，自己被小赵代替了。从同事的口中，小王了解到，小赵是公司负责人朋友的孩子，当然会受到照顾。失去了工作的小王明白了这层关

系，心里懊悔不迭，抱怨自己没有防范意识。

然而，职场是不相信眼泪的。小王又应聘到一家新公司，吸取教训的小王对新上司保留了几分警惕，即使上司以言语试探，小王也不再像过去那样和上司进行推心置腹的谈话。对于上司提出的一些是非问题，小王也只是开玩笑地做出回答。心无旁骛的小王很容易跳出了上司的言语陷阱。在和同事相处时，她也用同样的方法避开了言语陷阱，从而使自己在公司能够巧妙圆润地处理人际关系。

职场女人在与人谈话时，要警惕对方布设的陷阱。机智的职场女人，能够随时抓住对方言语的要害，几句话就能跳开对方的陷阱，维护自己的利益。事例中的小王，听信了上司的话语，在把自己的技能毫无保留地教给新人后，自己却遭遇了被辞的命运。吸取教训的她再次进入新的公司，对别人尤其是上司有了强烈的防范意识，当上司对她进行旁敲推测时，她很快就明白了上司的心思，巧妙地避开了言语陷阱，自己的工作才得以继续进行下去。

机警聪慧，几句话跳开对方的言语陷阱，是职场女人的明智之举。聪明的女人，在和对方相处时，会让对方明白，自己是善意的，是在为对方考虑，纵使对方言语相激，也要镇定下来，对对方的话不能掉以轻心，否则，就会掉入对方的言语陷阱，损害自己的利益，轻则人际关系变得恶劣，严重的会使自己失去工作，事业难以顺利发展。聪明的职场女人，不会事事张扬，她会以低姿态出现在上司和同事面前，与他们进行机智巧妙的谈话，使他们的言语趋向平和，从而化解对方言语的锋芒，保持正常的人际关系。

欲擒故纵，令你突出重围

职场中谈话要注意方式，在与人相处时，言语不能过火，要给人喘息的机会，取得对方的信任，欲擒故纵，才会突出重围，成功说服对方。如果职场女人在和对方谈话时，既得不到对方的信任，又引起对方的恐惧，就会给对方造成严重的心理阴影。

职场女人在与人相处时，如果能够心平气和地与人谈话，双方都会感觉很愉快；如果话不投机，言语相撞，难免出现矛盾。要让对方心悦诚服，化解矛盾，就要暂时搁置自己的看法，赞同对方。等到时机成熟，再拿出自己的意见，坚持自己的看法，收服对方，突出重围。

欲擒故纵，就要了解对方的心思，取得对方的信任，使对方放弃原有的看法和建议，转换立场。这样即使在和对方谈话时，也不至于陷入孤立无援的地步。

素琴做销售业务，刚开始推销产品时，她拿着样品到处跑，希望自己能够把产品推销出去，获得一些收入。但是，当她第一次向人推销自己的产品时，竟然遭到了许多人的言语围攻，关键时刻，她欲擒故纵，终于化险为夷，使自己的产品推销得以成功。

那天，正当她向人介绍产品的性能时，围观的人却纷纷坚持各自的意见。关于素琴对产品的介绍，他们并不十分满意，有人还对产品的性能和质量提出了质疑。素琴诚恳地向围观的人解释，但是众人却对她群起攻之。看到形势不妙，素琴停止了说话，场面顿时安静了下来。

但是素琴不想以此结局。她简单说了几句产品存在的缺点，看到众人的表情似乎有所松动，素琴又再次强调了产品的优良性能和公司为客户提供的优质服务。众人的注意力一下子转移了，气氛有所缓和，他们对素琴说的话产生了兴趣。有人拿起样品，仔细观察，与自己平时使用的产品进行了比较，发现质量确实不错，态度顿时改变了，说话语气也开始变得柔和。

素琴因势利导，把公司的经营理念介绍给众人，引起了众人的兴趣。当场就有客户预订产品。素琴的首次推销取得了成功。

生活中，如果在与对方交谈时，受到对方的言语攻击，职场女人要先放松对方，使对方有时间沉静下来，正确对待自己的言行。事例中的素琴，关键时

刻能够欲擒故纵，平息众人的怒气，保护自己，并使产品得以成功推销，就得益于此。

与人谈话，言语要和气，话不投机、引起矛盾纠纷时，要欲擒故纵，才能说服对方。不懂得欲擒故纵的职场女人，只能使矛盾进一步激化，使人际关系变得紧张，自己的处境也岌岌可危。要想在职场中处理好人际关系，说服对方，扩充自己的实力，职场女人在和对方谈话时，要以理服人，巧妙地让对方心甘情愿听从自己的指挥，从而突出重围。

巧用激将法

职场女人在与人合作时，适当巧用激将法，可以促成事情的成功。但是，激将言语一定要合理，不伤及对方的自尊，给对方以信心和力量。如果用得不合理，就会使对方的自尊心受到伤害，导致对方的不满和怨恨，影响合作。

每个人都有自己的心愿，如果需要对方的帮助完成自己心愿，在与其谈话交流时，说话语气要柔和，尽量婉转动听，才能够打动对方，引起对方的兴趣。如果对方对女人说的话不感兴趣，无动于衷，此时，职场女人可以巧用激将法，促使对方配合自己达成协议。但是，职场女人采用此种方法，要因人而异，如果对方性格怪癖，脾气暴躁，就不适宜采用激将言语，否则，后果将不堪设想。

席燕从事化妆品的销售工作，她热情的话语、开朗的性格赢得了很多回头客，既为公司也为自己带来了效益。但是，有的顾客对于她的话语却不怎么感兴趣，她们在购买化妆品时，往往根据自己的喜好进行选择。有的顾客选到了自己喜爱的化妆品，乐不可支。而有的顾客虽然也对一些化妆品感兴趣，却因为其高昂的价格而犹豫不决。为了让这些顾客购买到喜爱的化妆品，席燕常会不失时机地说话，她激将的话语常会促成顾客购买成功。

一次，一个女孩前来购买化妆品，她选中了几款化妆品，但是极高的价格却让她一时拿不定主意。看到那个女孩有购买的欲望，席燕不失时机地走上前与其说话，问她是否征询一下亲人的意见。那个女孩听了席燕的话，并没有再多说什么，立即购买了下来。

席燕巧用激将言语，刺激顾客的购买欲望，达成了自己的销售目的，也满足了顾客的购买欲望。通过运用激将言语，席燕的销售业绩不断提升，为公司创造了良好的效益，自己也拥有了一笔可观的收入。

在使用激将言语刺激对方时，一定要谨慎。时机、语言、环境不同，激将言语产生的效果也不相同。巧用激将言语，能够尽快达成目的，实现自己的目标。事例中的席燕，巧用激将言语，在成功销售了产品的同时，也满足了顾客的需求。同时要因人而异，因环境而定，如果考虑不周全，反而会因小失大，弄巧成拙。

第9章 婚恋蜜语，多点柔情牵牢男人心

女人总是习惯听男人的甜言蜜语，却不曾对男人说过什么肉麻的话。其实，跟女人一样，男人也喜欢听甜言蜜语。对此，聪明女人要适时地把自己的甜言蜜语送给男人，向你心爱的男人表达爱意，从而博得他的欢喜和宠爱。

无论说什么，先给男人留足面子

女人喜欢漂亮的服饰，与众不同的打扮，受人追捧的事业，爱美是女人的天性，男人则不同，男人要的是尊严，是自信，失去威严。失去自信的男人就不会有面子，男人的面子撑不住，就会受到别人的嘲讽，在别人面前感觉低人一等，难以混下去。所以，女人一定要给男人留足面子，男人才能够显示出自己的尊严和地位。

与女人相比，男人被寄予了很多厚望。他要出人头地，不甘人后，他要拥有金钱，拥有权力，拥有较高的地位。他是家庭的主心骨，如果男人没面子，就会遭人嘲讽、打击，时时处处抬不起头，因此，男人为了整个家庭，为了自己的事业，辛辛苦苦打拼，与强手竞争，与命运抗争，混得就是面子。面子过不去，男人就会失去底气，会感觉事事不如别人。女人给男人留足面子，她可能会得到男人的柔情蜜意。不懂得维护男子面子的女人，特别是在公共场合为男人拆台的女人，会遭到男人的唾弃，导致家庭的不和谐，夫妻关系破裂。

懂得给男人留足面子的女人是聪明的，她会受到男人的百般宠爱，婚姻生活会更幸福。不懂得给男人留足面子，不能忍受暂时的委屈的女人，不会得到男人永久的宠爱，婚姻会逐渐走向死亡。因此，女人给男人留足面子，让男人活得潇洒自如，男人或许就会心甘情愿地听从女人，女人也能牢牢地守住爱情和婚姻，驾驭住自己的男人。

欣欣是一个可爱清纯的女孩，与张平结婚后，为了驾驭住张平，欣欣要求张平把挣来的钱全交给她。张平唯恐欣欣不高兴，每个月挣来的工资一分不少地都给了欣欣。但是，欣欣把钱控制得很死，每次张平用钱，她都会询问用钱做什么，搞得张平很尴尬。在同事和朋友面前，张平更是感觉没面子。二人因此争吵不断，没有了婚前的甜言蜜语。

一次，朋友约张平小聚，因为平时都是朋友出钱请客，张平觉得过意不去，就和欣欣商量，让欣欣给他一些钱，但是欣欣不给他留一点面子，和张平争吵起来。张平感觉尴尬至极，在朋友面前颜面顿失。此后，二人的争吵逐渐升级，张平感觉自己失去了男人的尊严，在朋友面前抬不起头来。张平有了离婚的念头。

经过多日考虑，张平下定决心离婚。当他再次向欣欣伸手要钱遭到拒绝时，张平再也忍无可忍，二人发生了激烈的争吵。一直以为能驾驭住张平的欣欣没有想到张平会暴如雷霆。原本想存一些私房钱的欣欣此时才明白，自己把张平管得太严了，二人婚后的生活也没有什么乐趣。于是，她冷静下来，向张平承认了自己的错误，许诺每个月给张平一些零花钱。

有了零花钱，张平享受到了花钱的乐趣，和朋友相聚，他的心里也有了底气，出去办事，他再也不用为没钱打车而发愁。他甚至有了一些小小的浪漫，不时给欣欣带回来一些小礼物。欣欣感觉张平就像换了一个人。让欣欣倍感意外的是，张平用零花钱为家里购置了一个衣柜，这是欣欣最喜欢的衣柜，欣欣

感觉到了张平对家庭的责任，对自己的爱护，她为拥有这样一个幸福美满的家庭而感到自豪。

幸福美满的家庭，需要夫妻双方共同的经营。给男人留足面子，让男人感觉到尊严，男人就会为自己心爱的女人营造温馨的家庭氛围。婚姻生活难免磕磕碰碰，女人要对男人多一点理解，时刻维护男人的尊严。不懂得维护男人的自尊，让男人丢失面子的女人，爱情一般很难长久，婚姻也容易走向解体。事例中的欣欣，在金钱上对张平进行严格控制，说话不给张平留面子，致使二人生活变得无趣，张平失去了做男人的尊严。后来，欣欣的变化使张平争回了面子。

女人无论说什么，都要注意给男人留面子，男人会为女人的大度而感激，也会因此更加喜欢女人。懂得给男人留面子，男人才能活得更自信，女人才能守住爱情和婚姻，拥有真正的幸福。

适时骄横，野蛮女友照样捕获男人心

温柔的女人，能够讨得男人的喜爱。爱耍脾气的野蛮女人，一样能捕获男人心，受到男人的喜爱。但是，女人的野蛮要适时，脾气耍得不是时候，结果只会适得其反，被认为是霸道，当其温柔的一面展现出来的时候，常常会让男人大吃一惊。其实，大多数女人都是温柔的，当女人变得野蛮时，男人如果能将她降服，野蛮女人也会变得可爱。

骄横的女人，说话时言语凌厉，做起事来风风火火，看起来不可一世，令人望而生畏。但是如果不论何时都是这样，将很难让人接受，也不会讨人喜欢。女人要适时骄横，要分场合，看环境。不同的场合。

男人善于保护弱小。温柔的女人，往往会使男人产生怜爱之心。女人如果不分场合，骄横撒泼，男人对女人的爱怜就会踪影全无，会想方设法应付女人。此时，女人就难以捕捉到男人的心思，不了解男人的所思、所想，搞不清男人是否真的喜欢自己。因此，女人适时任性，才会吸引男人的目光，成为可爱的女人，不至于被人认为是母夜叉。

随云最近遇上了一件令她烦恼的事情。那天，在商场购物时，她买了一双鞋子，拿回家之后才发现鞋子质量存在问题。于是，她又来到商场，要求换一双，却遭到了拒绝。平时说话柔和的随云此时气得几乎说不出话来。她拿着鞋子站在那里感到茫然无措。这样的鞋子穿不了几天就会坏掉，还需要重新购买，等于白白浪费钱财，可是扔了又觉得可惜。随云不知道怎么办才好。

为此烦心的随云拿着鞋子回到家里，看着什么都不顺心，心里堵得慌，说话也不是那么随和了。小刘感觉不可思议，二人成婚才几个月，在他心里，随云一直是个乖巧、可爱的女人，什么事情搞得她脾气这么古怪，说话这么难听呢？小刘仔细询问了情况，了解到事情的经过之后，认为这不是什么大事，和随云说话也变得漫不经心，不怎么在意她了。看到小刘不太在意这件事，随云决定维护自己的利益。

小刘从没想到随云会这样，便和她一块来到商场和出售鞋子的商户进行了交涉，商户自觉理亏，便给她换了鞋子。随云非常高兴，携着小刘回到家，又恢复了以往的温柔可爱。

温柔可爱的女人，是男人心目中理想的对象。骄横野蛮的女人，会使男人望而却步。但是适时骄横，野蛮女人照样能捕获男人心，得到男人的喜爱。骄横不适时，在别人眼里，就会成为蛮横无理、胡搅蛮缠。既维护不了自己的利益，也难以得到男人的心。事例中的随云，知道适时骄横，不仅维护了自己的利益，而且挽回了男人的心。

骄横并不是强词夺理，狂妄无知。懂得骄横的女人，知情达理，她能够抓住有利时机，让男人对自己刮目相看，牢牢牵住男人的心。适时骄

横，即使是脾气古怪、不可一世的女人，也会在男人心中占据重要的位置。不懂得适时骄横的女人，没有人愿意理睬她，男人也会渐渐地远离她。因此，要想捕获男人的心，获得男人的爱恋，女人说话要温柔可亲。即使女人脾气古怪，野蛮骄横，只要表现适时，也能展现出女人温柔的一面，捕获男人的心。

蜜语甜言，让他感受到柔情蜜意

女人似水，她用自己的柔情滋润着男人的心田。女人的柔情话语，让男人感受着恋爱的甜蜜，婚姻生活的温馨。为了婚恋的幸福，女人要让男人感受到生活的温馨，用自己的甜言蜜语去抚慰男人的心灵，让他感受到柔情蜜意，共同营造甜美的生活。

在婚恋中不懂得男人的心思，对男人说话粗鲁无礼的女人，对于男人来说，无异于一种折磨，会让男人处处感到不顺心，不如意。懂得男人心思的女人，说话和气，温婉动听，她的甜言蜜意会使男人感到舒服。因此，女人要读懂男人的心思，要用自己的蜜语去感化男人，即使是心如磐石的男人，也会感受到女人的柔情蜜意，被她的真情实意所感动。婚恋中，女人的甜言蜜语就如调和剂，在生活变得暗淡无光，百味俱失的时候，为生活添色添香，让男人领略到生活的多姿多彩。

男人在婚恋中听到女人的埋怨、唠叨，会让他感到厌烦，对女人不理不睬，二人的生活也会因此失去光彩。男人对女人肩负着沉重的责任，如果女人说话尖刻嘲讽，抱怨不已，就会为男人增加负担，让男人感觉更累。用自己的甜言蜜语化解男人的劳累，分担男人的忧愁，让男人感受到柔情蜜意，男人就会对女人百般珍爱。

晓丽和张雨成婚后，两个人配合得很默契，生活过得很美满。但是没过多长时间，晓丽就发现张雨回家的日子越来越少。即使回家，晓丽和他说话，他也是充耳不闻。两个人的生活变得逐渐平淡，家里再也没有了以前的欢声笑语。

晓丽心里很烦恼，和张雨说话也是粗声大气，家里变得一团糟。张雨回到家里，少言寡语。晓丽搞不清楚张雨的心思，自己也是闷闷不乐。为了搞明白张雨的心思，这天，她把家里收拾得干干净净，重新布置一新，等候张雨回来。张雨下班回到家之后，感觉眼前一亮，话语也多起来。通过张雨的话语，晓丽明白了张雨在工作上遇到了难题。于是，晓丽好言相劝，一番甜言蜜语，使张雨紧张的心情得到了缓解。

重新感受到了晓丽的温柔体贴的张雨，工作上的辛苦也变成了一种乐趣。在闲暇时，张雨又带着晓丽一块外出旅游，感受自然的美好，他们的生活又充满了快乐。

女人的蜜语甜言，可以使男人感到生活的甜蜜，生活的美好。对男人说话难听，会伤害男人的自尊，让男人对婚恋生活充满失望。事例中的晓丽，用自己甜蜜的话语化解了张雨的劳累，使张雨重新感受到她的柔情蜜意，二人也重归于好。

婚恋中的女人，要理解男人的心思，用自己的甜言蜜语去感化男人，尽心呵护男人。感受到柔情蜜意的男人，才会对女人有更多的爱意，在事业和生活中才会有积极向上的动力。

婉转入人心，使之明白自己的缺点并改正

人无完人，婚恋中的男人也有这样或那样的缺点。对于男人的缺点，如果

女人直截了当地指出，说话语气盛气凌人，男人一时难以接受，也许会伤害男人的自尊心。如果想要维护男人的自尊，女人说话就要婉转，男人才会听进心里，明白自己的缺点，进而去改正。

婚恋中的女人，希望自己喜欢的男人变得完美，岂不知，男人对女人也是如此。当女人对男人指手画脚、恶声恶气的时候，女人在男人眼里同样会变得不完美。所以，婚恋中的女人，在发现了男人的缺点之后，试着用婉转的语气指出男人存在的缺点，男人为了维护自己在女人心目中的完美形象，就会想法去改正。

婚恋中，女人多一些温柔，说话婉转一些，就能塑造出自己心目中理想的男人形象。

肖欢与李想结婚后没多久，肖欢就发现李想经常夜不归宿，回到家也是呵欠连天。为了搞清楚李想究竟晚上去了哪里，肖欢做了几次跟踪，最终发现李想进了一家网吧。原来。李想与一个网友聊得火热，似乎一日不聊就如隔三秋。但他在家里上网又唯恐肖欢知道，就到网吧上网，和网友视频聊天，经常聊到天亮。肖欢明白，李想上了网瘾。要想让李想戒掉网瘾，把心思用到家庭和工作上，就要让李想明白自己的问题。

当李想再一次从网吧回来时，李想看到肖欢正坐在电脑桌前，用心敲击着键盘。原本睡意朦胧的李想这时好像突然醒悟过来。肖欢看了看他，婉转地对李想说，如果工作太累，就好好休息一下。肖欢的话提醒了李想，李想这时才明白，原来自己沉迷于网聊，忽视了肖欢对自己的感情，家庭和事业都出现了危机。

李想感激肖欢对自己的温柔体贴，他不再去网吧和网友聊天、视频，和网友渐渐断了关系，心思也用在了工作和家庭上。看到李想重新回到自己身边，工作也有了较大的起色，肖欢感到心里甜蜜蜜的。

女人婉转的话语，不会伤害到男人的自尊，但可以让男人间接明白自己的缺点，及时反省并改正。

对于存在缺点的男人，严厉的说教只会伤害他的内心，引起逆反心理；婉转的言辞，会让男人感动万分。

亲密有间，有些话不要轻易说出口

女人在婚恋中，和男人亲密有间，以为什么事情都可以告诉男人，似乎只有把自己的心事都告诉男人，才能表明自己对男人的爱情。殊不知，女人在向男人倾吐时，男人心里已经滋生出了别的想法。

婚恋中的女人，即使得到了男人的爱恋，也要注意有些话不要轻易说出口。女人要给自己保留一点小小的空间，不该说的话千万不要说出口。

与男人相处，即使女人和男人的关系非常亲密，都不要急于向男人表达自己的情感，坦白自己心里的秘密，那样做只是不成熟的表现。女人说话要注意考虑后果，是否应该说出来，要看男人的气量有多大，如果男人可以接受，说出来对双方没有什么伤害，女人就可以毫无顾虑地说出来。如果有些话说出来对自己无益，给婚恋生活带来阴影，最好还是藏在心里。

兰心和张林开始了新婚生活，张林对兰心奉若至宝，呵护有加，唯恐兰心不开心。有了张林的疼爱，兰心感觉自己的情感有了寄托，生活有了依靠，她把张林当成自己的唯一，每天和张林说说笑笑，感觉很快乐。兰心和张林的关系也日渐升温，亲密得如同初恋情人。兰心对张林非常信任，有什么事情都对张林说，张林对她说的事情往往表现出浓厚的兴趣。

但是，令兰心没有料到的是，当自己无意之间把自己的初恋说给张林听时，张林竟然对兰心刨根问底。原本是已经过去的事情，但是张林却非要问个究竟。兰心说了一遍又一遍，张林竟然大发雷霆，质问兰心和初恋男友是否还有联系。兰心有口难辩，心怀疑虑的张林对兰心大打出手，兰心的身心遭到了

巨创。

此时，兰心后悔莫及。虽然自己已经和张林结婚，但是她完全没有想到，夫妻间也应该保持亲密有间，有些话说出来，不仅对自己无益，对对方也是很大的伤害，甚至令婚恋出现危机。

为了不使自己受到伤害，婚恋中的女人，和男人相处时，要做到亲密有间，平时和男人说话，要经过周密思考，那些不利于自己，不利于婚恋的话不要说。女人要做到亲密有间，就要和男人保持一定的距离，即使对男人完全了解，也要做到防患于未然，有些不能对男人说的话要守口如瓶，以免泄露了心中的秘密，引起男人的不满和猜疑，对自己的身心造成伤害。因此，要想使自己的婚恋更长久，女人与男人相处要做到亲密有间，有些话不要轻易说出口。

多一些沟通，少一些猜疑

婚恋中的男人和女人，彼此之间多一些坦诚沟通，多一些理解，少一些多心和猜疑，二人的感情就会越来越深。如果女人凡事过于较真，与男人缺乏沟通，就会互相猜疑，不利于感情的发展。婚姻需要用心经营，女人和男人除了面对柴米油盐的平凡生活，还要多进行沟通，让男人明白自己的感情，让男人知道自己对他的欣赏。这样可以巩固夫妻间的关系。然而，女人对男人的感情，不是完全靠言语的表达，有时，动作、表情也能表现出女人对男人的爱恋。但是，言语表达最能显示出女人对男人的情感。

女人和男人之间能够开诚布公地说话，两个人之间就可以避免猜疑。如果女人和男人之间缺乏沟通，说话做事遮遮掩掩，两个人之间就会矛盾频发，互不信任，女人和男人相处很难长久，两人的婚恋就不能正常维持下去。因此，

女人和男人，彼此思想上、心理上，要进行必要的交流沟通，避免婚恋生活出现隔阂。

俏丽可爱的晓晓和李玉结婚后，两人对生活都很满意。晓晓对李玉很体贴，每天对他嘘寒问暖，让李玉感受到了婚恋的甜蜜。晓晓对李玉说的话，李玉常常铭记在心。但是，最近由于工作的繁忙，李玉极少回家和晓晓相聚。即使回家，他也没时间和晓晓闲聊，这让晓晓感觉到生活得很无趣。

为了调剂生活，晓晓想让一直忙于工作、专心事业的李玉陪自己出去旅游，但这似乎是一件困难的事情。当她向李玉说出这一想法时，李玉显得很淡然，这让晓晓非常失望，觉得李玉忽视了自己。两人之间的话语少了，隔阂出现了。此后，晓晓有什么心思也不愿意告诉李玉，家里笼罩着一种沉闷的气氛，晓晓和李玉都感觉到心里很不舒服。

这种生活当然不是晓晓想要的，晓晓决定和李玉好好谈谈，改变家里的气氛，也让忙于工作的李玉放松下来。她冷静下来，及时调整了自己的情绪，在和李玉说话时言语柔和，她劝慰李玉，工作不要太忙，要注意身体。受到晓晓的呵护，疲惫不堪的李玉终于放松下来，和晓晓谈起了工作中遇到的事情，请求晓晓谅解他的难处。晓晓这时也畅所欲言，把自己心里的想法告诉了李玉。二人进行了很好的沟通，关系又和好如初了。

婚后的女人，在和男人相处时，不要动辄对男人的行为心存猜疑，进而横加指责，这样，只会伤害夫妻之间的感情。女人做到心里坦诚，就不会隐藏什么事情。如果女人说话做事遮遮掩掩，似乎难以见人，就会让男人觉得不舒服，这样难免就会引起矛盾，甚至导致两人之间的情感破裂。

多一些坦诚沟通，少一些多心和猜疑，女人的心情会变得开朗，和男人的关系也会更加和谐。

 引导爱人把他的苦说出来

爱一个人，就是希望他快乐，希望他幸福。女人爱上一个男人，男人的喜怒哀乐都会牵动着女人的心。男人快乐，女人就会感到欣慰；男人忧愁，女人也会感到悲苦。女人善于言辞，而男人大多不善于表达，女人要适时地引导男人把心中的苦说出来，男人才会得到释放。如果女人在男人忧愁的时候，再说一些伤其自尊的话，男人就会更加烦恼，心理负担就会加重，压抑久了，男人的性格就会向不良方向发展，因此，女人要引导男人把自己的苦楚说出来，想办法帮助他化解，让他开心起来。

海南婚后感觉自己的压力很大，既要赡养老人，还要照顾妻子和孩子，心理负担很重。公司新的工作岗位使他一时难以适应，种种烦恼让他坐如针毡，然而，这些他都没有告诉过妻子小燕，只是把苦藏在心里，对家人也不太理睬。看到海南整天愁眉不展，小燕心里也很烦恼。

深爱着海南的小燕不想让他这么苦闷，她希望海南能够生活得快快乐乐。于是，她想，应该让海南把心里的苦说出来，自己也好有办法帮助他解决难题。但是，她也明白，海南不是那种善于表达自己的人。为了引导海南说出心里的苦，小燕约了几个朋友来家里小坐，大家谈生活、谈工作的，无意之中又聊到了生活和工作中遇到的一些困难。看到大家说得兴趣盎然，海南也不由得把心里的苦恼说了出来。朋友们听了，纷纷给他献计献策，海南听了朋友的建议，找到了解决问题的办法，对生活、对工作又充满了信心。

心情轻松的海南脸上挂满了自然的微笑。小燕看到海南很快乐，心里也是甜蜜蜜的。此后，每当遇到了难题，海南就会告诉小燕，让小燕帮助他参谋，找到解决问题的办法，海南与小燕的感情也进一步加深了。

爱一个男人，就会在乎他的感受。在男人遇到困难时，能够出手相助，引导男人说出自己的苦，让快乐重新回到男人的身上。女人乐于分担男人的苦，才能够让男人感受到自己的爱，让男人从失意中走出来。事例中的小燕，在体察到海南心里的苦之后，为了帮助海南从中解脱，约了几个朋友聊天，无形之中，海南的一些困难就得到了解决。

男人要自尊，爱面子，不会轻易向人道出心里的苦。女人要想办法让男人把自己的苦说出来，既不伤害男人的自尊，又能让男人重新找回自信，找回快乐。直面的询问会让男人的心里更苦，也会伤害到男人。因为男人常常会认为所有的问题自己都能解决，向女人求教，就失去了自己作为男人的风范。因此，为了自己心爱的男人，女人要想法引导男人把他的苦说出来，以便让男人从悲苦中走出来，使婚恋生活变得更和谐。

对待男人，女人要学会“哄”

俗话说：“女人要宠，男人要哄。”一个不会宠女人的男人算不上真正有修养、有风度的男子汉，而一个不会哄男人的女人也不能称之为善解人意的好女人。

自古以来，社会和家庭赋予男人的形象就是有担当、有作为、顶天立地的男子汉，能为女人擎起一块蓝天、阻挡一片风雨。然而男人也是人，不可避免会遭遇困难挫折，导致情绪低落甚至伤心落泪。这个时候，男人更像一个孩子，需要女人用他的似水柔情、真挚宽容来驱散他心头的阴霾，轻抚他流血的伤口，成为他躲避风雨的港湾。男人强大的一面是给别人看的，健壮沉稳、果断老练、豪气冲天这些都不过是他展示给外人的假面具，而在最亲近的人面前，他才会毫无忌惮地显露出他的脆弱和幼稚。这个时候，他们最需要的是女人的理解和宽慰，一个信任的眼神、一句暖心的话语，都能够令他重新振作，再展雄风。

夫妻相处，难免会有摩擦，和女人相比，一些男人性格都比较耿直、固执，不会拐弯抹角，如果大声和他争吵，只会两败俱伤。聪明的女人遇到这种情况，往往不会采取“硬碰硬”的做法，而是巧妙地发挥女人撒娇的优势，以柔克刚，采用“哄夫之术”，将矛盾化解于无形。这是经营幸福家庭和美满婚姻的必胜法宝，也是智慧女人的生活秘籍，远比怒气冲天、口诛笔伐更能让男人心生内疚，满心怜惜。

小蝶是一群女人中最幸福的一个，虽然已经年过三十，却依旧如小姑娘一般容颜娇艳。更令人羡慕的是她有一个人见人赞的好老公，对小蝶是百般体贴、百依百顺。在一帮小姐妹的“严刑逼供”之下，小蝶终于吐露了她的“驭夫之术”——原来全在一个“哄”字。

电脑中毒了，老公忙了半天终于修好了，小蝶靠在老公的肩膀上，充满崇拜地说：“老公，你真行！你的水平都快赶上专业维修电脑的了！要不我拜你为师吧？”老公豪气万丈地说：“有我在，哪还需要你动手？”

周末，小蝶赖床，不想做午饭，便对老公说：“老公，我想念你烧的红烧鱼了。那可是我吃过的最好吃的红烧鱼，但已经有好久没吃到了。好怀念那个味道呀！”说着，故意做出一幅馋涎欲滴的模样。老公爽朗地说：“你还想吃什么？我等会一起去把材料买来，给你好好露一手。”“啊！那我真是要幸福死了！”小蝶做出一副幸福得要晕过去的样子。

小蝶想为娘家添一台空调，她没有直接让老公将工资交出来，而是找了个时间陪婆婆去逛街，回到家，把给婆婆新买的衣服拿出来给老公看：“漂亮吗？”老公自然感动万分，抱住她亲一口，直夸她懂事。然后小蝶说：“就是天气越来越热了，逛个街就出了一身汗。马上到夏天了，我妈还不舍得装个空调。”老公马上就说：“她不舍得，我们出钱给她装。”小蝶跳起来，搂住老公的脖子：“怪不得我妈常说女婿比女儿好，原来就是这样给你收买的呀！”老公听了，虽然花了钱，但是心里比喝了蜜还甜。

人们常说，要想维持婚姻的幸福，女人必须要学会“哄”男人，小蝶绝对可以称得上是这方面的专家。没有哪个男人能抵挡得住自己心爱之人甜言蜜语的“哄骗”。男人在很多时候，就像一个大孩子，爱面子、好逞强，女人若是善于利用这一点，时不时地示示弱、撒撒娇，懂得把握尺度、有技巧地哄老公开心，就能令老公心甘情愿地为自己、为家庭付出，再苦再累也觉得乐在其中。

虽然男人在外人面前总是一副英雄的模样，但是再大男子主义的男人，也会有吃醋、生气、耍小性子的时候，其实男人要的并不多，只要你不吝惜自己的真心，时常哄一哄男人，就一定能够保持婚姻的新鲜浪漫和爱情的地久天长。

做会做事的女人

第10章　女人做事，充分利用性别优势

聪明女人通常能够在复杂的人际交往中自由穿梭而毫不费力，或如鱼得水，或游刃有余。而她们必胜的法宝，就是能够恰到好处地利用自己在性别上的优势。因为是女性，就可以以弱者的姿态获得怜惜和呵护，为自己赢得更多的机会。

羞涩，女人的本性流露

羞涩，是女性独有的风韵。康德说："羞怯是大自然的某种秘密，用来抑制放纵的欲望，它顺其自然的召唤，但永远同善、德和谐一致。"伯拉克西特列斯的雕塑名作《克尼德的阿佛罗狄忒》和《梅底奇的阿佛罗狄忒》，都是反映女性羞涩美的作品。

有一次，唐朝官宦在江苏扬州选美时，特邀请灵心善感、明目善睐的大诗人崔钰一同前往。

那日，美女们汇聚一地，她们穿着或艳丽如火，或清秀似荷，百花闹春般让人眼花缭乱。她们在官家的安排下站成一排，低着头，人唤之抬头，接受检阅。崔钰在一旁默不作声，静然观察。但见其中一女子听唤其名，不作犹豫扬头直视，另一女子则腼腆抬头。还有一个女子，先不抬头，再三唤之，她才慢

慢抬起头来，她的目光风情万种，好像在看人又实非看人，等官家鉴定后，她才又低下头去。崔钰以他敏感的内心和深厚的学养，道出美人的真谛：这个女子羞涩、妩媚，她脸上泛起的红晕，是含露的两片花瓣，是一章优美的诗歌，是女子特有的风韵。

可以说，在世上所有的色彩中，女性的羞涩是最美的。一个女人，如果失去了羞涩之美，犹如花儿缺少了香味，总让人心存缺憾。“犹抱琵琶半遮面”、“欲走还休，却把青梅嗅”，女人美丽的容颜，再带点羞涩的味道，两相映照，互发光辉，更增添了女性的含蓄美，韵味美。

羞涩是人类文明进步的产物，任何动物，包括最接近人类的猩猩，都不会害羞，自然也就没有的情绪。羞涩的女人外在的表现就是态度不自然，脸上会荡起红晕。它是一种动情的外部表现，是被陌生环境、场面所触发的紧张情绪或者是被异性拨动心弦的反应。曾经有位诗人这样写道：“姑娘，你那娇羞的脸使我动心，那两片绯红先生了你爱我的纯真。”由此可见，女人那张羞涩的脸，便是一首优美的诗。

羞涩的女人，通常是富有思想的女人。羞涩的女人是自尊自爱的女人。羞涩的女人是文静的女人。

羞涩的女人更明白事理，她会懂得尊重别人，倾听别人的意见，在家里她是贤惠的妻子，慈祥的母亲，孝顺的媳妇；在工作单位里，她是敬业的员工，同事信赖的朋友。羞涩的女人是忠心的朋友，也更容易相处。对自己的成功既不虚饰也不狂傲，对他人的成功既不妒忌也不贬斥。对自己的困难从不愿麻烦别人，对朋友的困难总会尽自己的能力。女人的羞涩，使女人不施粉黛而妩媚，不着彩衣而妖娆，因为它本身就具备无比的魅力。

女人，让微笑成为你的名片

卡耐基认为，女人的微笑是天下最美的表情。微笑，对于疲倦者是温床，对失望者是信心，对悲哀者是阳光，微笑是表达友好的载体。一个有魅力的女人，她懂得用自己的微笑去打动人心。曾经有一项面对男性的调查提问：你最喜欢女人的面部表情是什么？结果几百名男士的答案都是：微笑。卡耐基认为，如果你想得到别人的喜欢，那么你不妨轻松下来，给对方一个迷人的微笑。

卡耐基说，笑是人类的特权，女人微笑时没有瑕疵，是没有阳光时的阳光。有人说，充满亲和力的微笑是水做的，感性柔和中溢满着阳光的味道。女人的微笑是人世间最美的表情，一个懂得微笑的女人是心中有爱的表现。女人的微笑能让他人的心变得温暖。生活需要微笑，见了朋友、亲人，要学会报之以微笑，可以温暖人的心灵，增进彼此之间的友谊；当你接受陌生朋友的帮助时，也报之以微笑，会使双方心情舒畅；给自己一个微笑，生活会更加阳光。

在美国芝加哥的一个小镇上，人们每天都要乘专线巴士去芝加哥上班，尽管大家每天碰面，彼此都很熟，但从未打过招呼。人与人之间像是隔了一层纸，近在咫尺却从未有过交集。

一位巴士司机意识到了这种情况，他决定改变这种局面。一天，他和往常一样开车去接上班的人们，车上的人也依然如故，或是埋头看报，或是观赏外面的风景。当车子行进到了一条山路上，司机突然停了下来。他严肃地对大家说："现在，大家一切听我的命令。"车上的乘客面面相觑，以为出了什么事情，都显得非常紧张，因而，对司机的话都非常顺从。于是，司机说："放下你们手中的报纸。"所有的乘客都放下了手中的报纸。司机又说："把你们的头转向你们身边的人，对他（她）微笑，然后说'你好'。"大家照做了。

没有想到，这一微笑，一声"你好"竟然带来了神奇的效果，车厢里的气氛顿时活跃了起来。人们像是由此打开了话匣子，互相介绍，谈笑风生。在一

种愉快与融洽的氛围中，汽车很快就到达了终点站。人们向司机投去了感激的目光与善意的微笑，大家相约，明天还坐这辆车。

人与人之间的距离，实际上不是牢不可破，有时候只是需要一个微笑就可以拉近彼此的距离。学会给你生活中见到的每个人一个微笑，你的微笑为你传递着友好，你的微笑为你传达了问候，你对别人微笑的时候，别人也会同样微笑着对你。微笑是全世界通用的语言，哪怕你遇到的是一位国际友人，你也可以展现你善意的微笑。微笑带来的魔力是巨大的，它可以让别人感到温暖，也可以令人自己感到快乐。人与人之间隔阂的不是思想、意见，更多时候，只需要一个理解的微笑，就可以达到和解。一个微笑可以提升你的魅力，一个微笑可以“化干戈为玉帛”。

钢铁大王安德鲁·卡耐基的高级助手查尔斯·史考伯说自己的微笑值百万美元，即是在暗示这一道理。因为查尔斯·史考伯的性格，他所特有的魅力，他那善于讨人喜欢的能力，是他取得卓有成就的重要原因，而他人格中的一种最可爱的因素，就是那人见人爱的微笑。微笑的魔力是巨大的，所以女人要学会舒展自己的眉头，放松自己的心情，嘴角轻轻上扬，露出你最美的笑容。

密歇根大学的心理学家詹姆士·麦克奈尔教授谈及他对微笑的见解：有笑容的人在管理、教育、推销上会更容易成功。笑容比皱眉更能取得效果，这就是在教学上要以微笑鼓励代替处罚的原因所在。聪明的女人，你该怎么办呢？有个办法：强迫自己微笑。当你面对你讨厌的人的时候，你要微笑，那是大度的表现；当你第一次见到对方，不妨给他一个微笑，巧妙化解尴尬；当你一个人独处的时候，可以哼哼调子，唱唱歌，那样会使你快乐。女人微笑的魅力无处不在，能够时刻微笑的女人，肯定有一颗乐观的心。微笑的女人，一般来说运气都不会太差，做一个有魅力的女人，让为微笑来为你增添光彩吧。

娇媚，女人特有的美

娇媚是女人特有的一种魅力，是一种女人骨子里的韵致、灵活、情趣。宋代柳永在《尉迟杯》这样写道："恣雅态，欲语先娇媚。"好蓦然回首，眼波游离，还没有开口说话，就显露出娇媚之气来，怎能不叫人陶醉？女人的娇媚异彩纷呈，也许人们有可能会淡忘你的美丽容颜，但是却忘不掉你身上的娇媚之气。娇媚，是每个女人身上都有的迷人气质，它隐藏在你的身上，通过你的言行举止流露出来，也许是你的娇憨之语，也许是你的甜美仪容，也许你的妩媚之态。智慧女人，需要利用好自己的娇媚，可以让自己在纷繁的人际交往中无往而不利。

李丽和老公结婚三年多了，彼此间的爱情已经被柴米油盐的琐碎磨掉了激情，逐渐过上了一种平静的生活。李丽也不再是婚前那个爱撒娇的小女孩，她在婚后逐渐丧失了撒娇的心情或者能力，变成了唠叨的妇人。于是，两个人在生活和工作之余，除了吵架还是吵架，婚姻已经开始亮起了红灯。李丽显得很疲惫，而她也感觉到了老公的厌倦，她甚至以为自己的感情已经走到了尽头。却不料，无意之间的一件事情让他们重新找到了当年的感觉。

当婚姻的激情褪去，只剩下平淡如水的琐碎生活，李丽和老公似乎都丧失了继续下去的心情。在经历了翻天覆地的争吵之后，他们都平静了下来，准备过完最后一段生活就协议离婚。这天，李丽和老公约好下班出去吃饭，已经到约定的时间了，可是李丽因为工作没有交接完还不能下班。她心里想：老公一定生气了，他一向都很珍惜时间的。等李丽忙完了工作，急忙赶到约会的饭店一看，老公果然阴沉着脸，气呼呼地坐在那里。

李丽在老公不满的目光中缓慢地走了过去，说："都是这双讨厌的高跟鞋，早不崴脚，晚不崴脚，偏偏赶上这时候，唉，我疼点无所谓，可是却耽误了你的时间，真让我过意不去。"李丽说完显得一副自责的样子，老公先是一愣，但还是心疼地说："你应该打电话让我去接你嘛，快让我看看脚。"两人

立即有说有笑地开始了晚餐。

晚餐结束之后，他们顺着回家的路，一边聊着天，李丽还向老公撒娇买早已经看好的裙子。从此以后，两人再也没有提过离婚的事情。

当李丽认为自己的婚姻已经走到尽头时，却不料是自己无意之间表露出来的娇媚重新唤起了久违的激情。对于女人来说，要想在男人面前永葆魅力，就一定要利用好自己的娇媚，在恰当的时候对他撒撒娇，而他自然也会对你百依百顺，疼爱有加。

小倩和男朋友一起出去逛街，小倩东看看西看看，看着眼花缭乱的东西就走不动了，硬是在那里买了一大包东西才肯罢休。正在她一边拉着男朋友的手，一边在手提包里摸索自己的手机时，突然惊叫起来："我的手机不见了！"拉着男朋友到处找，男朋友显得有点不耐烦："刚才叫你别去买东西，你偏不信，一天尽是丢三落四，下次不要来逛街了。"听了男朋友的话，小倩觉得有点生气，觉得男朋友也太不体贴了，刚想发作，却看见不远处售货员手里正拿着自己的手机询问失主，于是她笑嘻嘻地说："你看，我的手机找到了，你这招还真管用，把手机都吓回来了，中午我请你吃饭。"男朋友见状，也顺水推舟地说："当然了，要不然，跑完这整条街都找不到你那手机。"

小倩在关键的时刻并没有发作自己的小性子，而是随机应变地展现了自己的娇媚，让不耐烦的男朋友心甘情愿陪着自己。其实，娇媚并不是漂亮女人所独有的，即便再普通的女人也一样能展现出迷人的娇媚来。

智慧女人，更加懂得在关键时刻展露出自己少许的娇媚，顿时绽放万种风情，简直是美不胜收。懂得利用自己娇媚的智慧女人，她们不容易让岁月在自己身上留下痕迹，无论你什么时候走进她，都会从中获取不一样的精彩。因此，要想做一个娇媚的女人，即便是你有多能干，在男人面前，也不要表现出高高在上的姿态，要学会做小鸟依人，不要做凤凰耀屏。有的事情应该是男人去做的但女人也可以做的，女人就尽量少做或者不做，适时让男人去表现自己，让他感觉到你对他的依赖，他就会在自豪之余对你怜爱有加。

女人，善用你的柔情

有人说，温柔的女人是微笑的天使，她们总是面带微笑度过每一天的生活，从来不抱怨生活中的困难和挫折。她们把每一次的失败都认为是一次尝试，不会一蹶不振；而把每一次的成功都看作是一种幸运的降临，而不张狂。她们力所能及地改变自己所能改变的一切，接受那些不能改变的一切，她们用自己的柔情去感化他人，去影响他人。温柔，就犹如一把神奇的钥匙，可以打开心灵的迷宫；温柔，似一缕微风，化解情感隔膜的冰霜；温柔，恰似微笑的天使，在她们的脸上挂起一片永不落下的灿烂。

她和他是青梅竹马，从小一起长大，在他们10岁那年，在村里的老槐树下，他许下了长大后一定要娶她的承诺。她为着这个承诺，不惜放弃了自己的学业，南下打工挣钱供他继续上学。

他大学毕业了，在省城找了份不错的工作，把她接到自己身边来。他看起来还是那么年轻，而她因为工作的辛苦已经过早地显苍老了，看着瘦弱的她，他很心疼，当即让她在家里做全职太太。他的工作能力越来越突出，没过几年就升职为副总了，他在外面的应酬越来越多，晚上回来得越来越晚。而她在家里带着小孩，专心做好太太。她每天早上很早就醒了，起来为他做好早餐，把衣服找出来为他放在床边，西服总是那么笔挺，袜子总是那么洁白。他很感激她这么多年来对自己无尽的温柔，让他能够安心在外面攀登事业的高峰。可是，当他出了门，看见花花绿绿的世界，难免会花了眼。

他开始整夜整夜地不回家，她也不会追问他去了哪里，只是偶尔会打个电话问他吃饭了没有，当他接到这样的电话，心里会有所愧疚，但是放下电话之后又会把她忘记了。他有一个月没有回家了，她还是带着孩子守在家里。

有一天，他回来了，满身的疲惫。她只是默默地为他洗换下的衣服，在厨房为他煲汤，并从自己的储蓄柜里拿出自己多年积存下来的厚厚的一叠钱。他流着泪，抱着她说："对不起。"她只是拍着他的肩膀，微笑地说："回来就

好。”事情的真相她已经知道了，他被骗了钱，工作也因为疏忽而被降了职。

他们又重新回到了往日幸福的日子，他下班了就回家，晚上还会拉着她出去散步。她靠着那有力的肩膀，感觉到很幸福。

那一句“回来就好”比任何一句话都要有力量，一种温柔的力量足以安抚男人心中那颗已经脆弱的心。温柔的女人就是爱的化身，她把爱恋献给丈夫，把慈爱留给孩子，爱在她们身上体现得尤为伟大。有人曾说，上帝创造女人最大的成功，不是赋予她们外表的天生丽质，而是一份女性特有的温柔。对于每一个女人来说，这样的温柔是女性独有的气质，是一种智慧，更是一种人生的境界。

女人的温柔是一尊美丽的雕塑，它是自信、幽默、宽容一点一点地雕琢而成的。很多女人总是想留住自己的青春和美丽，为此不惜花费自己大量的精力和财力去精心装扮自己，小心呵护自己美丽的容颜。她们不去在乎父母身体健康与否，也不关心身边的人，她们的目光更多的是关注名牌服装或者时尚发型。

殊不知，青春和容颜终经不起岁月的沉淀，自己终有一天会老去。而温柔的女人在关注自己容颜之余，也会把更多的时间留给身边的人。尽管已经不再年轻，但是她们依然如年轻时候那样温柔、精致、真切，悄悄地关心着身边的人。你可以不再年轻，也可以不再漂亮，但是却不能不温柔，一般温柔的女人，能轻易收获自己的幸福。智慧女人，做一个人见人爱的温柔女人吧！

女人美丽如花，女人魅力如珠，她们柔情似水，清新如茶。有的女人清新淡雅，有的女人聪明美丽，有的女人善良真诚，有的女人精明能干，但是，无论你是属于哪种类型的女人，如果你缺乏女性特有的温柔，就很难受到人们的肯定，也无法被人公认为好女人。真正人见人爱的女人，应该是传递爱的使者，是温柔的化身，只有温柔的女人才是最让人心动、最有魅力的女人。从她们身上体现出来的是无尽的温柔，就如同山里的清泉，涓涓细流，一直流到你的心底；恰似冬日里的暖阳，一点一点地温暖你冰冷的心；又如竹林里的风，暗香长留，清美幽远。

适时地用眼泪示弱

曾经有个小男孩问上帝一个问题："女人为什么那么容易哭？"上帝回答说："他在创造女人时给了她们强壮的肩膀以承担世间不可承受之重；给她们温暖的心去爱；也给她们眼泪。因为通过眼泪人们可以看到她们美丽的心灵。"女性出于本能使得她们在遇到突发事件时容易情绪化，在情绪化的作用下就会忍不住流泪。于是，智慧的女人会在关键的时刻流下眼泪，以此博取他人的同情和怜爱，促使自己的愿望得以成真。

当一个小女孩想拥有自己的洋娃娃，但是严厉的父亲却对其进行斥责时，于是，原来那个天真无邪的大眼睛里会立即充满眼泪，马上"哇啦哇啦"地哭起来。这一哭，可让本来板着脸训斥人的爸爸乱了阵脚，这个父亲可能会毫不犹豫地抱着女儿向商店跑去。这样的场景几乎每天都在上演，也似乎成为每一个女人小时候的趣事。当我们还在很小的时候，就懂得如何用眼泪来赚取同情，博得怜爱。当小女孩长大之后，也善于使用这样的伎俩，要点小心机，从自己的男友或丈夫那获取特别的疼爱。

小王从小就是个爱哭的女孩，家里的人似乎都怕了她。凡事都顺着她，只要她脸色一变，王爸爸连把天上星星摘下来的念头都有过。好在从小家里父母比较注重教育，长大后的小王个性随和，在待人接物上总是彬彬有礼，也从来没有什么苛刻的要求，似乎完全改变了小时候爱哭的小性子。

谁知道，当小王谈起了恋爱就完全变了个样，她好像又回到了童年。平时的时候，小王和男友有说有笑，可一到商场里买东西，而男朋友显露出不乐意的姿态时，她就会故意摆出一副要哭的样子，顿时激起了男友的怜爱之情。当两个人闹别扭的时候，小王哭得就更凶了，这时候男友就会心疼地哄她，花心思逗她开心，而小王就会无比幸福地依偎在男友的怀里。

当两个人在热恋的时候，彼此的视野里只有对方，一方的喜怒哀乐自然会牵动另一方的心。在这个时候，女人流泪就说明自己伤心、难过，而另一半

也会为之心痛。而小王正是懂得这样的道理，有意以自己的眼泪惹来男友的怜爱，增加爱情的温度。

《红楼梦》里，贾宝玉曾说："女人是水做的。"今天，男人们所说的女人是水做的，指的是女人动不动就流泪。女人在高兴的时候也哭，在难过的时候更是哭得稀里哗啦，即便是收到朋友的礼物也会喜极而泣，那就是为什么会用"梨花带雨"来形容女人了。从生理上解释可能是女人的泪腺比较发达，敏感，而比较浪漫的解释就是女人心中充满了爱。女人的眼泪对于男人来说，是致命的武器，任谁见了都会忍不住产生一种想呵护的冲动。如果你在这个时候对男人提出自己的要求，对方一定会尽力满足你的要求。

可以说，一个智慧的女人不仅懂得如何利用自己的眼泪示弱，更懂得掌握好时机。可以更好地处理好与男人的关系，让生活更和谐。

女人以弱者的姿态赢得好感

现代社会，越来越多的女人变得精明强干起来，她们在生活与工作之间奔波，社会已经把她们定义为强者。其实，人们欣赏独立自主的女性，却很难苟同强势的女人。事实上，女人偶尔的示弱会更好地帮助她们适应环境，建立融洽的人际关系。张爱玲曾经说过，善于低头的女人才是最厉害的女人，越是强悍的女人，示弱的威力就越大。作为一个女人，无论是在生活中还是在工作中，一味地逞强，处处表现自我，甚至锋芒毕露，这未必就是好的。适时地示弱不失为一种以退为进的手段，以此为自己争取更多的主动权。

小万大学毕业，刚刚应聘到一家广告公司上班。她在大学的时候，是一个成绩优异的学生，曾经担任两届学生会主席，大学连续四年获得全额奖学金。虽然，这些傲人的荣誉都将写在她的档案上，但是她明白这已经是过去了，自

己的工作才刚刚开始，更应该懂得谦虚谨慎。

于是，当她来到新公司报到的时候，处处表现得谦和有礼，赢得了同事和上司的一致认可。她在工作上勤勤恳恳，脚踏实地，即便是在上司的要求下去做一个文件的打印工作，她也会重新检查一遍文件的字样，核对一些信息。第二天上司到办公室就能看见文件整整齐齐地摆放在办公桌上。当工作中遇到困难的时候，她也会耐心地向同事和前辈请教，给大家留下一个谦虚、好学、尊重他人的良好印象。她坦然大方地承认自己的无知，不但没有给同事留下“愚笨”的形象，反而让办公室的同事对她多了信任感，也更愿意接纳她。

小万凭借工作能力上的突出表现，以及她良好的人缘关系，不到两个月她就独自接了一个广告案子。

很多女人在进入新的公司之后，都会因为自己的高学历处处争强好胜，急于表现自我，其实这样锋芒毕露的做法往往会使自己陷入被动地位。另一方面，也会给身边的人留下“目中无人”的印象，自己与上司、同事之间的关系也会变得极为脆弱，进而影响到自己的工作效率和工作质量。

撒切尔夫人第一天出任英国首相，当她参加完就职典礼异常兴奋地回家。走到家门口，敲门声惊动了正在厨房为老婆摆庆功宴的撒切尔先生。撒切尔先生随口问了一句：“谁呀？”在门外面的撒切尔夫人不禁有些得意地大声回答：“我是英国首相！”结果，她话音刚落，屋里顿时没有了声响，她在外面等了半天也不见有人来开门。

过了一会，撒切尔恍然大悟，她清了一下嗓子，重新说了句：“亲爱的，开门吧，我是你太太。”门立即打开了，她赢得了丈夫一个热烈的拥抱。

其实，男人天性中就有种保护欲，他们同情弱者，面对女人的示弱会因为怜香惜玉而主动作出让步。当女人一个不经意的微笑，偶然间表露出来的娇羞，适时流出的眼泪，都会让男人从心里萌发出怜惜之情。女人适时的示弱会让男人有一种成就感，而如果女人总是表现出强势就会让男人有一种压力感。女人示弱，并不是一种软弱的表现，而是给男人一个保护自己、关心自己、呵护自己的机会。

1.女人要学会恰当示弱

女人并不是弱者，但女人应该学会适当示弱。无论是在工作中还是在生活中，女人都要懂得示弱，当你承认自己无知的时候，其实就是为了掩盖自己的锋芒；当你告诉对方你需要他，没有他你会遇到很多难处，他就会意识到自己的责任而加倍地疼惜你。智慧的女人，会懂得以一个弱者的姿态来获取怜惜，比起逞强换来的疼惜，适当示弱的效果要好得多。

2.女人的示弱是为了使自己变得更强大

女人适时地示弱并不是弱者的表现，而是为了使自己变得更加强大；女人适当的示弱不是摇尾乞怜，而是给他人更多疼惜自己的机会；女人适当的示弱并不是无知的表现，而是为了获得更多学习的机会。智慧的女人，懂得在关键的时刻以一个弱者的姿态获得怜惜，获得家庭温馨的幸福。

第11章　女人行事，彰显自己的特质

女人大多善解人意、冰雪聪明、韵味十足，这些都是女人自身的特质，它们散发迷人的气质，特别能吸引人。假如在平时的为人处世中，女人能把这些特质融入进去，那浑身上下就会散发出一种耀眼的光彩来，行事自然事倍功半。

善解人意的女人最受欢迎

男人们最喜欢什么样的女人，这是每一个女人都渴望知道的答案。貌美如花、还是才情似海？或许答案不可一概而论。但有一点毋庸置疑，每个男人的心中都希望好女人善解人意、宽容大度。

善解人意并非与生俱来，即便是女人也不可能个个都能体贴宽容、善于体察人心的。善解人意的女子必须有宽阔的胸怀、豁达的气度，以及善良、真诚的品质，收放自如、适当有度，这样才能在纷繁芜杂的世事中保持一颗淡然的心，才能领悟到人生的真谛。善解人意的女子还必须是注重细节、善于观察的，她们善听人言、善察人意，于细微之处读懂人心、洞察人性，只有这样，话才能说到对方心坎里，丝丝入扣、合情合理。

善良是善解人意的基础，莎士比亚曾经说过：“外在的相貌其实是内心

世界的一面镜子，善良使人美丽。”拥有一颗善解人意的心，远胜过一切华美的服饰与珠宝。一个外表并不出众的女子，因为善解人意，也会是可爱并美丽的。人们不是常说“人不是因为美丽而可爱，而是因可爱而美丽”吗？而假如一个女子不善于体谅他人，没有一颗善良的心，那么即便她再漂亮、再聪慧，其心底也如同盘着一条毒蛇，无论如何也难以让人喜欢。

因为心存善良，所以善解人意的女人说话永远站在他人的角度，设身处地为他人着想，对他人的心理变化感同身受，也只有这样，说出来的话才能引起对方共鸣，达到良好的沟通效果。即使有时并不多言，但她会在你疲乏时捧上一杯热腾腾的茶，在你沮丧时轻抚你的肩膀，在你得意忘形时轻轻提点你，让你无时无刻不感受到她的情真意切。

北京有一家名为“斯特法内”的高档服装店，与富丽堂皇的店内装修和时尚高雅的名牌服饰不相衬的是它店内的服务员——几乎全是40岁左右的中年女性。她们穿着简单大方，容貌、身材也并不出众，在这豪华高档的殿堂中，几乎格格不入，颇有点“土人卖洋货”的味道。但它却是众多服装店里生意最好的一家，甚至一些在其他店里销路并不好的服装，在这里也能很快卖出去。

这其中的奥秘究竟在哪里呢？

原来店内聘请的这些服务员都是从事服装行业多年的老职工，她们不仅有着专业的知识，更有着年轻的导购小姐们所无法比拟的耐心、细心与虚心。她们善于察言观色，揣摩顾客的心理，见什么人说什么话，所以总能帮助顾客挑到自己称心满意的商品。比如，若是年轻的女性，她们会一边帮助顾客挑选衣物，一边不吝惜送上赞美之词，就像对待自己的女儿一般，由衷地欣赏夸赞她们的美丽；而对于年纪较大的顾客，她们又会以拉家常的方式给出中肯的建议，像老朋友一样温暖贴心。所以顾客们在这里购物，都有一种被尊重、被需要的满足感和亲切感。而其他服装店里那些光彩照人的年轻导购小姐，往往会令人产生某种不安、压抑甚至自惭形秽的感觉，尤其是那些年纪比较大、但又有经济实力的中老年顾客，她们常常草草瞄一眼挂在店里的服装就匆匆离去。若是导购小姐过分热情和主动，更容易将一些人吓得夺路而逃。斯特法内服装店正是因为充分了解了顾客们这一心理，合理调整对策，使用善解人意的中年服务员，所以才能够脱颖而出，成为行业翘楚。

斯特法内服装店的成功并不是偶然的，其实无论男女老少，对善解人意的女人都很容易产生好感。没有人能够抗拒一个温柔如水的女人对自己的关心、体贴与呵护，当然，这种关心、体贴与呵护都必须是真诚的、发自内心的，而不是别有用心、为了达到某种目的而做出的假意之举。曲意奉承、刻意讨好不是善解人意，而是心术不端之人所采取的伎俩；善解人意是女人天真、善良心性的自然流露，善解人意的女人能令对方感觉安全、轻松和温馨，而一味的迎合纵容则会令对方心生警觉，担心你是否别有用心或者另有所图。

所以说，善解人意是女人最美好的品质，学着做一个善解人意的女子吧！在丈夫遇到困难时，用体贴温柔的语言给他自信；当你的朋友心情低落时，陪伴在他身边，用你的知性与豁达开解他内心的困惑和迷惘；在职场上，更要做一个善解人意的知性女人，站在对方的立场、用对方的角度看待问题、思考问题，体会他人的感受，想他人之所想，更好地解决问题。

积极乐观的女人生活更阳光

同样是半杯水，摆在了两个不同女人的面前，积极乐观的那个女人会说："多好！还有半杯水！"消极悲观的那个女人则会说："唉，惨了，就剩下半杯水了。"这就是在同一情境下、从两个不同心态的女人嘴里说出的话。关于心态对于人生的意义，美国成功学学者拿破仑·希尔曾说过这样一段话："人与人之间只有很小的差异，但是这种很小的差异却造成了巨大的差异！很小的差异就是所具备的心态是积极的还是消极的，巨大的差异就是成功和失败。"积极乐观的女人无疑是生活和事业的成功者，她们如同早上八九点钟的朝阳，

浑身充满了蓬勃的朝气，哪怕已近暮年，依然给人以明亮豁达的感觉；而消极悲观的女人无论在生活还是事业上都只能称为失败者，哪怕她们仍旧青春年少，由于心境如同暮色沉沉的老人，所以无论言行还是举止总让人感觉如同一汪死水，毫无生气可言。

毋庸置疑，人们更愿意与乐观开朗、积极向上的女人交往相处，她们的一言一行都是那样阳光开朗，令人在不知不觉中受到她们的感染，哪怕原本灰暗的心境，也会因她们积极乐观的言语和爽朗豁达的笑声而变得明快起来。和积极乐观的女人共事，哪怕累了一天，她也不会说："今天可真够呛。"而是会说："忙了一天，现在可真轻松！"和乐观的女人组成家庭，她不会说："你看隔壁人家又买新车了，你连个四个轮子的拖拉机都买不起！"而是会说："骑自行车上下班可真方便，既环保、又能锻炼身体，还不用担心堵车的烦恼！"积极乐观的女人走到哪里，就会把欢乐明快的氛围带到哪里，无论是浅浅的微笑还是爽朗的大笑，都那样具有感染力，使人乐于亲近，令人身心放松。

小燕接到大学好友爱萍的电话，聊到近况，爱萍似乎烦恼无限。话匣子一打开，爱萍就忍不住向好友诉起苦来。

原来爱萍老家是农村的，毕业后很多同学都留在了省城，而她费了九牛二虎之力才留在了家乡的小县城，和其他同学相比，爱萍总觉得混得不如人家，好像比别人矮了一截。高中时就有一个男同学追求爱萍，到现在已有七八年了，对她百依百顺，好得无话可说，但就是家庭条件太差，大学毕业后的工作工资也不高，虽说现在辞职和朋友合开一家小公司，但是未来如何谁也说不准。另外还有一个家庭条件和个人收入都不错的小伙子也在追求她，但她又觉得对方太优秀，和他在一起有压力，怕自己不能一辈子守住他，最后落得一场空。于是爱萍整日生活在犹豫和徘徊之中，患得患失，怎么也快乐不起来。

小燕听了，哈哈大笑说："爱萍，我看你这叫身在福中不知福了！留在省城的同学压力有多大，你不是不知道，工作压力、社会竞争，光房贷就压得喘不过气来。上次咱们同学会，你也看到了在那些大公司、大集团工作的女同学看起来好像老了10岁，哪个不夸你还像大学毕业那会儿一样水灵？大家都羡慕死你了，工作稳定又轻松，没有压力，谁能和你比？一个小伙子，能追你七八年，别的不说，光这份诚心也能感天动地了吧？别看他现在给不起你房子车子，但谁能保证他不是日后的一只绩优股呢？至于那个各方面条件都不错的男孩，我觉得你要考虑的不是以后能不能拴住他，而是要问问自己究竟爱不爱他？谈恋爱是享受目前的快乐时光，若是为以后还看不见影的事担忧，你不是白白耗费了美妙的青春？爱萍呀，这么好的两个男孩任你挑，你是几世修来的福气呢？要不你挑一个，剩下的介绍给我吧！”

爱萍听了不由也哈哈大笑起来：“你呀，难怪同学们都叫你‘开心果’，听你一说，我什么烦恼都没有啦！”

很显然，爱萍之所以烦恼，是因为她看待一切问题都带有消极悲观的心态，任何事情，她只看到了不好的一面，却没有看到好的一面，从而令自己深陷烦恼，郁郁寡欢。而小燕则恰恰相反，她生性乐观、积极，对一切事物都充满着热情与希望，在她的眼中，事物总是呈现出好的一面，而坏的一面却可以忽略，甚至视而不见。所以，同样一件事情，在两种不同性格的女人面前就显现出了截然不同的两个方面，而小燕的乐观和开朗最终也影响了爱萍抑郁的心情，消除了她的烦恼，令她感受到了生活的美好与自身的幸福。

所以，一个有着积极心态、乐观性格的女人是令人喜爱和欣赏的，她言行举止中流露出来的自信、豁达和开朗就如同一缕阳光，不仅照亮了自己，也温暖了他人。

好女人善于为人设身处地着想

什么是好女人？好女人的一个重要标准就是富有同情心，无论在什么方

面，都不会只顾虑自己的感受，而是设身处地为他人着想。因为经历了世事，所以养成了体谅、理解他人的习惯，拥有了宽容、淡泊的心性。为什么有的女人虽然能说会道，但是却很难令人与之交心？而有的女人即便言语不多，却依然让人有向她敞开心扉的冲动？这就是因为好女人善于设身处地，急他人之所急，想他人之所想，以对方的立场来看待问题、感受问题，自然说话就能够说到对方的心坎里。

将自己放置于对方的立场、从对方的角度来看待问题、解决问题，是女人善解人意的思维方式，也是她们智慧的处世之道。不管是夫妻之间、同事之间、朋友之间还是邻里之间，总会有产生矛盾与隔阂的时候，假如人人都从自己的立场出发，考虑自己的感受，那么就很难达成一致，解决矛盾。因此，聪慧的女人会便将自己假想为他人，在假想的情境中设身处地体味别人的难处，对别人的难处感同身受，以达到良好的沟通效果，更好地解决问题。

设身处地是交流是沟通的最有效的手段之一，正如在《进入别人的内心世界》一书中的作者古拉特·利伊普所说的那样："把别人的感觉和观念与自己的感觉和观念置于相同的位置，并把它表现出来，这样谈话的气氛就会融洽起来。当你在听别人谈话时，要根据对方的意思来准备自己将要说的话，那样，由于你已经理解并认同了他的观点，他也就会理解和认同你的观点。"

韩林在一家大型企业工作，工作的环境、工资待遇等令人羡慕，但是却因为有一个难缠的顶头上司，令韩林头疼万分。上司对工作的要求十分严格，甚至到了吹毛求疵的地步，任何一个环节出了差错，哪怕是一丁点的小错误，上司都会对负责这项工作的人严加苛责，甚至当着众人的面也毫不容情。韩林能力和才华都不错，但就是不太注意细节问题，所以常常成为上司批评的对象，日子一久，韩林心中难免堆积了许多怨气。

这一天，由于堵车，韩林到机场接客户的时间晚了几分钟，上司就大为光火，当着客户的面就数落起韩林的不是。韩林先是尴尬，后来难以控制怒气上升，最后一甩袖子，头也不回地离开了机场。回到公司，韩林直接打了一份辞职报告，来到总经理办公室。严总经理是一位年过四十的女性，但是举手投足温文尔雅，令人丝毫感觉不出一位总经理的严厉。她微笑着给韩林沏了一杯茶，让他在沙发上坐下，然后拿起辞职报告细细地看起来。茶香中，韩林的心慢慢平静下来，开始有些后悔自己的草率决定，自己马上要结婚了，这个时候辞职，会直接影响到自己的婚姻和生活，想要回自己的辞职报告，但又没有勇气开口。

这时，严总经理微笑着说话了："小韩，你的感受我能理解，假如我是你，我也会因为在客人面前丢了面子大为恼怒。但是大家都是为了工作，并没有个人私怨在其中，你说对吗？想当初，我刚开始工作的时候，也和你一样，有着年轻人的浮躁和气盛，巧的是，我也遇到一位像你们王主任一样的上司，对我们要求极为严格，而且一旦我们做错事情就受责备，毫不留情。好几次，我都被他骂哭了，你知道，小姑娘是很爱哭鼻子的哟！"韩林听到这里，不由笑了起来。严总经理接着说："但是你知道现在我最感谢的人是谁吗？就是我当年的上司。若不是他的严格要求和悉心栽培，我说不定永远只是一个办公室文员，永远也不会有今天的成就和位置。你仔细想想，你们王主任对你们要求虽然严格，但是却从来不涉及工作以外的事情，对吗？"韩林仔细想了一下，的确如此。严总经理笑着说："这其实就是一种爱的方式。我这么说，你是不是会觉得有些肉麻？"话音未落，两人同时笑了起来。

韩林站起来，心悦诚服地说："严总经理，您的意思我明白了。谢谢您，同时我也会感谢王主任。我希望能收回我的辞职报告，相信我以后一定会做得更好。"

严总经理笑着说："我相信，因为我也是这么过来的。"

很显然，严总经理并不希望韩林辞职，但她却没有直截了当地说出，而是设身处地说自己假如遇到这样的事情也同样会非常恼火，所以她很理解韩林，从而拉近了两人之间的距离，为韩林后来能够心平气和地接受她的劝告和建议打好基础，从而最后巧妙地让韩林收回了辞呈。这样的领导，丝毫没有高高在上的架子，而是推心置腹地与你谈心，感同身受，怎能不令手下的职员心悦诚服？

美国著名律师欧文·杨曾经这样说过：“能设身处地为他人着想，了解别人心里想些什么的人，永远不用担心未来。”善于设身处地为他人着想的女人自然也会处处受到欢迎。“投之以桃，报之以李”，你能为他人着想，他人也必定能记着你的好处，当然也就会收获更多的幸福。

“傻”女人最幸福

三毛说：“我宁愿别人把我当作傻瓜，那么就不会有人和一个傻瓜计较了，所以女人往往还是笨一点的好，特别是该笨的时候。”三毛的“傻”换来了荷西对她痴心的爱恋，也换来了和她交往之人的倾心喜欢。所以，有的时候，女人真的不必太精明，特别是在计较利益、对待婚姻上面，“三分流水二分尘”，把一切看得清清楚楚、明明白白，到头来不但伤了自己的眼睛，也伤了自己的心。

在文学作品或影视作品中，常常会有这样的两个女人：一个看起来很精明，精明到面面俱到、八面玲珑，甚至为了成功不惜将他人当做垫脚石；另一个看起来有些傻里傻气，没有心眼、不会算计，更不会陷害别人，反而常常是被算计、被陷害的对象。但是到了最后，往往是傻女人得到了幸福，有疼爱她的丈夫、有融洽的人际关系，还有幸福美满的家庭，而过于精明的女人却最终什么也没得到。这只是杜撰或虚构的故事吗？当然不是。现实生活中，这类现象比比皆是。“傻”女人因为不懂欺骗、没有心机，以一片赤诚之心待人，所以人们更乐意与之相处，也愿意以同样的赤诚之心待她，无论说话、做事，都无需过度防备。而过于精明的女人因为时时刻刻在算计，所以人们必须提防她的诡计多端，生怕一不留神就会落入她的圈套，哪里还敢与她交心？所以，“傻”女人就像一块磁石，吸引着人们不知不觉向她靠近，而过于精明的女人

则令周围的人离她渐行渐远。

婚姻生活也是如此，西方有一句谚语："结婚前睁大你的双眼，结婚后闭上一只眼。"这就是告诫女人们在婚姻生活中不必事事较真、斤斤计较。世上没有完人，更何况是两个人的世界，日常生活难免会产生摩擦和矛盾，若是锱铢必较、一步不让，不仅会令自己陷入无穷无尽的烦恼，还会令对方不堪重负，导致婚姻危机。

丽丽在街上碰到多日未见的女友，吓了一跳，原本貌美如花的女友怎么变得如此憔悴？

女友未开口，泪先落："这日子没法过了，我必须得离婚。"

"为什么？"丽丽更是惊讶。女友和老公是人人羡慕的郎才女貌、佳偶天成，怎么突然竟要离婚了？

女友咬着牙说："他欺骗我！前天我在他包里发现了500元钱，因为他的工资都是我管的，所以这肯定是额外收入。于是晚上我便问他最近单位有没有发奖金福利之类的，他支支吾吾地说没有。第二天他早早地去上班了，晚上回来我一摸他口袋，500元钱不见了。我问他，他说根本没有这回事，还说我记性不好，记错了。他的衬衣、袜子都是我亲手买、亲手洗的，他竟然这么没良心，还欺骗我。后来我打听清楚了，原来他高中时的一个女同学得了白血病，同学组织捐款，他偷偷瞒着我捐了500元钱。你说我是那么小气的人吗？和我明说不就得了，干吗要瞒着我？他又说我这人平时心眼小，怕告诉我了会多想，其实不就是他高中时暗恋过的一个女孩吗？我哪里就会真的那样计较？"女友越说越气，恨不得立刻就揪着他老公去办离婚手续。

丽丽叹息着说："你们的婚姻还不值这500元钱吗？你呀，就是太精明，有的时候不必计较那么多，装装傻、卖卖呆，在男人眼里反而会更加可爱。你老公是什么人你比谁都清楚，不抽烟、不喝酒、不花心、不赌博好男人，你还有什么不放心呢？他说得不错，他不告诉你就是因为你心眼小，平常管得太多。要知道，男人也有尊严，你宽容一些才会让他更有安全感。"

一个女孩出嫁前问母亲："怎样才能维持好婚姻？"母亲叫她去外面抓一

把沙子回来，她紧紧地攥了一把沙子，但是握得越紧，沙子从指缝间却漏得越快。母亲让她将五指松开，只松松地捧一把沙子回来，这次竟然一粒沙子都没有漏掉。母亲问女孩："你明白了吗？"女孩若有所悟地点点头。这也是丽丽想要告诉女友的道理，只要能够把握住婚姻家庭的大方向，不偏离正常轨道，不偏离道德航线，给男人适当的自由，在小事上睁一只眼闭一只眼，才能更贴近幸福的边缘。

过于精明的女人就如同那个攥紧拳头想将一切都控制在掌心的女孩，虽然用尽全力、费尽心机，但最后却可能连自己该得到的也会失去。而松松地将沙子捧在手心的女人就是那种将一切看得开的女人，不计较得失、不追求名利、不算计他人，最后却反而能得到自己想要的东西。所以，女人有时不妨"傻"一点，这样的你不仅在他人眼里更可爱，也能让自己活得更轻松、更自在、更幸福。

自信是女人最好的妆容

曾有这样一个故事：一个小女孩因为自觉貌不出众，常常自卑自怜。有一次在路上拾到一个漂亮的发夹，她把它戴在头上，顿时觉得心中充满了自信，她认为这个发夹可以给并不出众的自己增添几分光彩。于是她把头昂得高高的，胸脯挺起来，带着微笑和每一个见到她的人打招呼。她惊喜地发现，果然人们看她的眼神不同了，带着欣赏、带着钦慕她认为这一切都归功于那个漂亮的发夹。可是回到家，一照镜子，她才发现夹子早就不知什么时候掉了。这时她才明白，原来令她变漂亮的不是那个发夹，而是她心中的自信。

生活中这样的女人比比皆是，她们常常只是因为没有沉鱼落雁的容貌、没有婀娜多姿的身材或者缺乏出众的才华而自惭形秽。她们就像那个捡到发夹的

小女孩，有着一颗脆弱而敏感的心，因为自卑而将自己深深地埋藏起来，做事唯唯诺诺、瞻前顾后。其实她们缺乏的并不是外貌或者才华，而是缺少内心的自信。她们总将自己的不足与他人的长处相比较，结果就会觉得事事、处处皆不如人，从而悲观失望、自怨自艾，甚至一蹶不振。这样的女人，走路永远低着头，说话永远没力量，自然也就不可能成为生活的强者、事业的巨人。

白灵颇有姿色，所以在人才市场，安总只看了看她的资料就决定招聘她做自己的助手。有认识白灵的人说其实白灵根本没什么本事，还说安总找了一个花瓶做摆设。为了让这种流言消失，也为了证明自己的眼光没有差错，安总交给她一项重要的策划工作：看看公司最近在城东一个居民区附近买的一大块地适合做什么样的投资。

白灵自然知道公司的流言，为了不辜负安总的信任，在经过认真细致的调查研究之后，拿出了一个具体翔实的方案，安总让她在会上向大家做报告。

白灵说："小区虽然是新建的，但是入住率非常高，人口不少。附近没有大型超市，所以我觉得应该投资建超市，因为超市和居民的生活关系最密切……"

"附近虽然没有大超市，但是小区里却分布着很多中小型超市，人们购物讲求便利，怎么会舍近求远到大超市购物呢？"有人提出了质疑。

白灵有些慌张，她连忙拿出了第二套方案，但是声音已明显有些紧张："附近没有医院，最近的医院也要四十五分钟的车程，所以适合建一家医院。"

"医院的审批手续太麻烦，过程漫长复杂，不仅会牵扯公司的大量精力，而且也很难聘请有名望的医生。"又有人提出了反对。

"那……那……"白灵明显慌乱了，她的声音也不由自主地低了下去，"那就建游乐场吧？"她有些无助地望着安总，话音未落，有人大声说："前不久市里一家游乐场才因为监管措施不力出了事故，当场死亡三人，有谁还在这时顶风作案啊？"

白灵呆呆地望着众人，完全没有了底气。安总看着这个低着头，似乎矮了半截的女人，深深地皱起了眉头，原先那个看起来美丽的女人如今怎么变得毫

无光彩、毫无魄力了呢?

其实安总不必觉得疑惑不解，因为白灵身上缺少了女人最主要的一种东西——自信。自信是一种神奇的魔药，它可以使平凡的女人变漂亮，令懦弱的女人变勇敢，令毫不起眼的女人变得光彩照人。但是，缺乏自信，同样可以使漂亮的女人变得平庸、变得毫不出众。

如果将女人比作花，那么拥有自信的女人就好比充满活力的鲜花，哪怕是墙角、路边的小小野花，也散发着鲜活的气息、洋溢着动人的风采；而缺乏自信的女人则好比没有生命的塑料花，哪怕拥有漂亮的外表，也毫无动人之处，只能用作摆设，最后蒙上厚厚的灰尘。

所以，有人说："自信是女人最好的装饰品，一个缺乏自信的女人，就算她再美，也绝不会有那令人心动的吸引力。"自信也是女人最好的妆容，一个拥有自信的女人，即便不施粉脂、素面朝天，也有令人瞩目耀眼光芒。所以，作为女人要记住这样一个真理：容颜易老，外表的美丽转瞬即逝；修炼内心，内在的气质才能经久不衰。用自信为你的美丽加分吧！用自信的态度、自信的言语来应对这世间的一切人和事，只有这样，你才是一个永远充满魅力的女人。

第12章　事留余地，女人做事要有远虑

俗话说：饶人多条路，伤人多堵墙；多个朋友多条路，多个冤家多道坎。聪明的女人要懂得，不管是说话还是做事都要留有余地。做事能给对方留有退路和余地，别人定会对你感激不尽，铭记于心，将来有了机会，就会加倍回报于你。假如你只图一时痛快，等到他日狭路相逢，自己势力单薄，又该如何应对呢？

多给自己留一些余地

俗话说："人情留一线，日后好见面。"很多事情都是一样的，说话也一样，最好多为自己留一些余地，否则日后定会后悔莫及。通常情况下，女人在说话的时候，都要为自己留余地，也就是给自己的话语出现偏差后留有回旋的空间。女人说话，切忌把话说得太绝了，没有给自己留后路。当我们对自己所说的话无法全面把握的时候，多给自己留一些余地，这是比较妥当的做法。因为你自己不可能以后所做的每件事都是完美的，"狡兔也有三窟"，更何况是我们。所以，说话要适当，不要把话说得太绝，给对方一个台阶下，也给自己一条后路，这样，你才会在交际中获得好人缘。

有这样一个寓言故事：一只狼在山上寻找猎物，突然它发现了一个山洞。

经过仔细观察，它发现山里的很多动物都从这个山洞经过。看着一只只肥硕的山羊从这里经过，又来了一只鹿，狼不禁口水直淌。怎么样才能吃到这么美味的鲜肉呢？看着这个有点黑黑的山洞，它不禁想到了一个好主意。为了把那些小动物们都装进自己的口中，它把山洞里除了洞口以外的所有通道都封死了。于是，它隐藏在洞口阴影的地方，等着动物们自投罗网。它在那等啊等，等了很久，才听到有轻微的脚步声走来。它一下子从黑暗中跃出来，却不料。出来的是一只老虎。看见老虎咆哮着冲过来，它吓傻了，开始横冲直撞，可是，除了洞口所有的通道都封住了，而老虎就在洞口。最后，它成了老虎口中的美食。落下最后一口气之前，它还在懊悔，但是后悔莫及。

狼正是没有为自己留一条后路，所以把自己推入了万劫不复的深渊。说话也一样，不能一句话就把别人噎死了，要学会在适当的时候，给别人一个台阶下，退一步海阔天空，这个时候，不仅对别人有利，对自己也是极为有利的。现在这个社会，人情交往占很重要的地位，社会日新月异，而人情世事的变化速度更快。俗话说："三十年河东，三十年河西。"你能知道你以后会是什么样子呢？估计等不了三年，就会出现彼消此长的变化。由于生活和工作的需要，更是"低头不见抬头见"。如果你当初把话说得太绝、太满，一旦发生了不利于自己的变化，就很难有回旋的余地了。

有一次，贾母等人在一起猜拳行令，黛玉无意中说出了几句《西厢记》和《牡丹亭》中的艳词。那两个剧本在当时都是被列为禁书的，黛玉这样的名门闺秀怎么能读禁书？这样会被指责为大逆不道。幸好在座的人没有谁听出来，但此事却瞒不过宝钗，宝钗没有意气用事，当面揭穿黛玉，而是选择了一言不发。

事后，背地里宝钗叫住黛玉，冷笑道："好个千金小姐，好个尚未出阁的女孩儿！满嘴说的是什么？"黛玉求饶："好姐姐，你别说与别人，我以后再也不说了。"宝钗见她满脸羞红，不再往下追问。这让黛玉充满感激，不仅如此，宝钗还设身处地、循循善诱地开导黛玉在这些地方要谨慎，以免授人以柄。

宝钗不愧是处理人际关系的好手，她知道黛玉对她有嫉妒之心，所以为了增进两人的感情，并没有当着众人的面给黛玉难堪。而是私下里找黛玉说，刚开始给黛玉一个下马威，然后看见黛玉已经显得不好意思了，才不再往下追问。她这样说话就给黛玉留了一些余地，所以自那以后，黛玉对她印象大有改观，并且成为了朋友。在日常生活中也是一样，女人要设身处地为对方着想，给对方一个台阶，这样才容易赢得对方的好感，甚至是友谊。

1.女人说话不可太满

女人在朋友、亲人、同事，甚至是陌生人面前说话，都要适当，不要把话说得太满。如果一只杯子倒满了水，就再也滴不进一滴水，否则只会溢出来。说话跟倒水是一个道理，如果你把话说得太满了，会让他人对你产生嫉恨，而你也会陷入窘迫的处境。生活中，也许我们会跟一些人产生矛盾，这时候，也不要口出恶言，更不要说出“情断义绝”、“誓不两立”这样过激的话。不管是谁对谁错，最好自己要闭口不言，以便他日狭路相逢，自己还能有个说话的“面子”。

2.不可说绝话

女人要学会少对人说绝话，多给人留余地，这样做不仅仅是为对方考虑，也是为自己考虑，这是对彼此双方都有益的。每个人都有自己的看法和想法，当意见不合的时候，要能做到让别人在众人面前受到足够的尊重。无论别人说话对错与否，都不要当着很多人的面就开始反驳，你可以选择私下找个机会，把你的意见告诉对方。这样，你既维护了对方自尊，让对方保留了颜面，又非常有助于加深了两人的感情。

不要随意开玩笑

俗话说：“人上一百，形形色色。”在现实生活中，我们开玩笑要看准对

象，彼此之间可以适当开开玩笑活跃气氛，融洽关系，但也需谨记，玩笑可不是随便乱开的。在生活中，有的女人很喜欢开玩笑，不过因为过度，把调节气氛的幽默玩笑变成了黑色玩笑。当然，那些过分的玩笑是不会被人喜欢的，那些喜欢乱开玩笑的女人被习惯性地认定是刻薄的女人，更容易引起他人的反感。

李小姐是一家公司的外勤人员，是一个聪明伶俐的女孩子，她头脑灵活，言辞犀利，还有丰富的幽默细胞，不管到哪里都是开心果。不过，就是这样可爱的李小姐，入职一年多了，却始终得不到老板的青睐。

李小姐工作十分努力，有一次她加了一整夜的班，第二天一大清早赶到公司。满身疲惫的她还要被不分青红皂白地批评，说她工作不够仔细、状态差等，不管她怎么解释都不行。李小姐委屈极了，向比较谈得来的老员工请教，对方反问她："想想你平时有没有在言辞上对老板不敬啊？"

这么一问，李小姐想起来，自己平时就爱跟同事开玩笑，后来看老板斯斯文文，对下属总是笑眯眯的，胆子一大，就开起了老板的玩笑。有一天，老板穿着一身新西装来上班，别人都是微笑着对老板说："您今天真精神啊！"只有李小姐夸张地大叫："老板，你今天穿新衣服了？不过款式好像是去年流行过的啊！"现在回想起来，当时老板的脸色特别难看。

还有一次，李小姐带着刚刚谈好的客户和协议来找老板签字。看到老板龙飞凤舞的签名，客户连连夸奖老板："您的签名可真气派！"李小姐听了又是一阵坏笑："能不气派吗？我们老板可暗地里练了三个月了！况且这是他写得最多的文字。"此言一出，老板和客户都陷入尴尬。想到这些，一向快言快语的李小姐再也高兴不起来，原来这就是自己虽然聪明能干，却无法受到重用的原因。

开玩笑确实可以拉近同事之间的距离，缓和人际关系，不过假如玩笑有人身攻击的成分，那就是黑色玩笑了。黑色玩笑对人际关系的破坏力很强，黑色玩笑的背后往往隐藏着一个人性的弱点，任何人都不会笑着面对被揭开的伤疤。

不可否认玩笑有它的正面作用，如果你能够把握得当，它在很多时候都能够起到活跃气氛，缓和初次见面的紧张感和生疏感。但这样的适度玩笑也是建立在合适的时间、合适的地点、合适的环境以及合适的对象身上，只有这样，它才会产生出这么大的作用。相反，如果你向一个不了解的人随意地开玩笑，就免不了会产生误解，或者伤害到对方，甚至有时候会给自己带来杀身之祸。

刘备进入蜀地之后，曾经与益州的刘璋在富乐山相会，当时正好碰到了刘璋的部下张裕。刘备见张裕满脸胡须，就开玩笑说："我老家涿县，姓毛的人特别多，县城周围都住满了毛姓人家，县令感到奇怪，就说'诸毛为何皆绕涿而居呢？'"在这里，刘备巧将"涿"借此为"啄"，意在取笑张裕那张被一脸黑毛遮住的嘴巴。

不料张裕回敬道："从前有个人，先是任上党郡潞县县长，后来又迁至涿县做县令。有人在他上任前回老家探亲时给他写信，于是便在称呼上犯了难，一时不知称他为'潞长'，还是'涿令'，最后只好称他为'潞涿君'。"在这里，张裕也巧妙借此取笑刘备脸上无毛，立即引得满座哄堂大笑。当时，他们两人不过是开开玩笑，张裕并不在意这件事，但刘备却因自己占了下风而一直耿耿于怀。

后来张裕投到刘备麾下，刘备竟找了个借口，要杀张裕。诸葛亮请刘备宣布张裕罪状，刘备说不出什么理由来，竟称："芳兰当门而生，不得不锄去也。"

由于张裕对刘备一点都不了解，就对其玩笑进行回敬。哪晓得刘备心眼小，一直因自己占了下风而耿耿于怀，于是张裕就这样因为一句玩笑话而掉了脑袋。

那么，在现实生活中，我们该如何合适地开玩笑呢？

首先看场合。你和对方开玩笑是需要选择场合的，不能随便在一个场合就开玩笑。比如，在一些庄重的集会或重大的场合就不适宜开玩笑，还有一些有着浓厚悲伤氛围的场合，也不应该向对方开玩笑。这样的场合情况下，如果你向对方随意开玩笑，只会增添对方的不悦情绪，进而对你没有任何好感。因

此，开玩笑需要选择合适的场合，必须是双方都处于一个心情愉悦的情况下，你的玩笑才能够发挥出它的作用。

其次看对方的性格。每个人都有各自不同的性格，有的人活泼开朗，有的人爽快豁达，有的人比较内向，有的人则比较敏感。我们在面对不同性格的人，要因人而异。如果是面对个性比较开朗的人，则可以适当地开个玩笑，活跃气氛；如果是面对比较敏感的人，则不宜开玩笑，有可能会伤害到对方。另外，对女性来说，开玩笑要适度；而对于老人来说，开玩笑则需要注意到给对方尊重。

再次看对方的情绪。你在向对方开玩笑的时候，还需要考虑到对方的情绪。如果对方正处于情绪低落，或者极度悲伤的时候，这时候就不应该和对方开玩笑，否则别人会以为你是在幸灾乐祸。开玩笑的时机也是在双方心情都保持愉悦的情况下，或者双方之间出现了点小矛盾，你可以通过开玩笑使对方心情有所好转。

最后玩笑内容要健康、情调高雅。当你在开玩笑的时候，还需要选择积极健康、情调高雅的内容来开玩笑。尤其不要拿对方的缺陷来开玩笑，把自己的快乐建立在别人的痛苦之上。还要避免开庸俗无聊、极其低级趣味的玩笑，开玩笑的内容尽量是健康、情调高雅的，能够启迪人、教育人，能够让对方从欢笑中学到更多的东西。

一般而言，玩笑是人际关系的润滑剂，能够缩短双方的心理距离，能够活跃气氛，能够化解尴尬的窘境。如果你能够在交际中恰当地运用这一技巧，就会使你成为交际中的高手。但是，一定要记住：开玩笑需要合适的场合、合适的环境，面对合适的对象，这样才能使玩笑发挥出积极的作用，进而建立融洽的人际关系。

不要做落井下石的女人

人生不如意事十之八九，在这个世界上，凡事不可能顺顺当当，总是会出现一些纰漏。有时候，我们身边有人遭遇了困难，我们应该报以理解的心情。但是，有的女人心眼天生比较小，如果自己遭遇了不愉快，而别人却过得很好，她就会心怀嫉妒；如果自己日子过得春风得意，而看见旁边的人还在困境之中，她就会忍不住暗暗高兴，甚至还会推他一把，企图置人于死地。其实，每个人都有不愉快的心情、不顺利的事情，每个人都会有失意的时候。但当你看到别人落难了，千万不要落井下石，这是不仁不义的小人行为，也是极端恶劣的行为。你不妨伸出友好的手，拉他一把，帮助他人脱离困境，这才是令人欣赏的行为。

前两天，王姐因为一笔失败的单子被降职了，从部门经理直接降为普通员工，而恰在这时，老公又有了外遇，让她本来就受伤的心像跌进了冰窟窿。办公室里纷纷议论着她老公的桃色新闻，大家都以一种同情的眼光看着她。王姐知道自己已经不再是那个高高在上的经理了，现在只是一个普通员工，她努力摆正心态，但还是觉得心有不甘。

在这时候，部门里以前跟着她做事的小李却一直陪伴着她。小李刚到公司一年，她内心比较单纯，也懂得知恩图报，刚进公司的时候，她一直被王姐照顾着，虽说王姐的脾气不怎么好，但她体谅到了王姐的一片苦心，心里一直很感激。所以，当听说王姐被降职，家里又出了事情，小李就找到王姐聊天，安慰她、说些话逗她开心。王姐心情不好，没有胃口，小李就从家里做了开胃的饭菜带到公司给王姐。同事小王劝她："对她那么好干吗，她现在已经落败了，几乎没有重新站起来的一天了，你帮助她只会招来白眼，她又不能帮助你什么。"小李笑着说："王姐以前对我不错，我现在这样对她，也不希望她回报我什么，只是觉得这样心里好受些，再说，谁没有这些事儿啊。"小王撇了撇嘴，没有说话了。

在小李帮助下，王姐渐渐找回了生活的信心。她全身心投入到工作中，凭借她的能力，连连为公司拉回来不少大客户。而王姐以前的职位一直空缺着，上司似乎看到了王姐的努力，决定让她复职。王姐复职后，利用自己的关系把小李调到了自己身边，担任助理，王姐十分感激地告诉小李："谢谢你陪我度过人生中最艰难的日子，姐姐永远不会忘记的。"小李看着现在的王姐很欣慰。

事例中的王姐被降职了，老公又有了外遇，对一般人来讲这简直是祸不单行。办公室里所有的同事都对她避而远之，唯恐沾染上霉气，在这个时候，小李并没有弃王姐于不顾，而是细心照顾王姐，陪伴她度过了那最艰难的日子，帮助王姐重新找回了自我。所以，通过自己努力而最终获得成功的王姐并没有忘记小李的恩情，她永远不会忘记在自己最困难的时候帮助过自己的人。当你给予落难朋友帮助的时候，实际上也是在帮助自己。

助人为乐乃是人之根本，帮助了别人你会感到快乐，对方也会对你心怀感激，更何况对于正在困境之中的人，那无疑是雪中送炭。

人与人之间本来就是相互的，如果你能够在他人困境的时候伸出友好的双手，他也会在你陷入困境时给予你一些帮助，这是一种赢得友谊的方式，也是一种最有效的感情投资。

他人的功劳，不可占

在社会竞争日益激烈的今天，不少女人为了博得上司的赏识，谋取早已看中的职位，不惜抢占他人的功劳，以此来达到目的。这无疑是一种卑劣的手段，更是一种有悖良心的行为，这样的女人只是暂时获得了荣耀，时间久了，就会因为东窗事发而自毁前程。而高情商的女人，她们永远不会踩在他人功劳的金字塔上。高情商的女人，她懂得争取属于自己的功劳，但对他人的功劳，即便是再大的荣耀，她也不会因心动而作出卑鄙的行为。因为她们明白，做任何事情都需要合理，是自己的就是自己的，不是自己的，抢来也不是自己的。做人要问心无愧，才能对得起自己的良心。高情商的女人，懂得以自己的言行举止来获得他人的好感，不卑不亢，才是她们一贯的作风。所以，学会做一个聪明的女人，千万不要抢占他人的功劳。

阿敏和小娟在同一家公司上班，平时关系相处得很不错。小娟是才到公司的，而阿敏是公司里的老资格了，所以，平日阿敏会在工作、生活方面尽可能地帮助小娟。年终的时候，公司策划了一次广告方案评比，只要是公司的员工，每个人都可以准备一份方案，优胜者有奖。小娟觉得这是一个好机会，可以展现出自己的水平。她经过了半个月的准备，加上平时自己对市场工作的观察思考，很快做出了一个出色的方案。

方案征集截止日期的最后一天，阿敏忽然叹了一口气对小娟说："哎，小娟，我还真有点紧张，心里没有底啊！要不，你帮我看看方案，提提意见，看有什么需要修改的地方。"小娟想也没想就答应了，却发现阿敏的方案很一般，没什么创意，所以没好意思说什么。阿敏用探究的眼光盯着小娟，说道："让我也看看你的方案吧。"小娟心里一阵懊悔，可是自己刚才看了人家的，现在没有理由不让她看。好在明天就要开评比大会了，阿敏想改也来不及了。

第二天的评比大会，主要按资历次序发言，阿敏因为资历老，所以排在小娟前。阿敏讲述时，小娟发现她的方案和自己的一模一样，而对于文件的缺乏，阿敏则解释说："很遗憾，我现在只能讲述口头方案，电脑染了病毒，文件被毁了，不过我会尽快整理出书面材料。"小娟听得目瞪口呆，没想到阿敏抢了自己的功劳，还不敢把自己的方案交上去，也不敢申诉，因为自己资历浅，怕上司不相信自己，只有伤心地离开了这家公司。

阿敏这边，虽然方案获得了上司的认可，但因为毕竟不是自己做的，一些细节弄不清楚，导致执行时出了很多漏洞，又无法及时修正，结果很失败。后来，上司得知事情真相，直接开除了她。

阿敏表面上很照顾小娟，把小娟当朋友，取得她信任，却做出抢占小娟功劳的事。抢占他人功劳，就像是偷了人家的东西，毕竟不是自己的，总会有种陌生感，这也使得抢占功劳的人很快现出原形。女人，要学会做一个坦坦荡荡的人，面对不是自己的功劳，就不要挖空心思去占有，否则只会损人损己。

抢占他人功劳，对于每一个女人来说都是自毁前程的事情。与其挖空心思去霸占别人的劳动果实，还不如自己努力，争取获得更荣耀的功劳。有时候，承认自己能力有限，并不很掉价的事情，也不会有损脸面。反倒是抢占他人功劳这种事，才会让人真正无法抬头。学会着做一个聪明的女人，坦坦荡荡，不卑不亢，用自己的言行彰显无与伦比的美丽。

功劳不仅包含着一个人辛辛苦苦的努力，更包含有上司的肯定，也意味着获得晋升的机会。所以，如果你抢占了他人的功劳，无疑是强占了他人的劳动果实，霸占了他人的业绩，不仅于情于理不通，自己心里会感到不安，同时功劳的主人也会看清了你的真面目。另外，因为功劳始终是他人的，你自己的能力毕竟有限，日子长了，上司也会看出端倪，假设了解到事情的真实情况，你只会面临被辞退的下场，这简直是得不偿失。

永远不要贬低他人

每个女人都渴望来自他人的关注与认可，但是，有的女人在展示自己的时候，往往会以别人为垫脚石，感觉踩在别人的头上，能抬高自己、突出自己，殊不知这只会摔得更重。一个人只有脚踏实地地生活，才会赢得别人的欣赏。喜欢展示自己并不是什么错误，相反，它是一种表现自信的方式。但是，如果你展示自己的同时，贬低了他人，那么这就不是一个聪明的女人所认可的行为。

小敏刚刚大学毕业，在家的她在网上向各大公司投了简历。一边等着面试的通知，一边四处找着工作。前天，她突然接到一家很有名气的公司的电话，希望她今天能参加公司举行的面试。小敏很高兴，虽然自己不一定能被聘用，但至少这是一次尝试的机会，因为她知道，如果能尝试那说明还有成功的机会，假设连尝试的机会都没有，那肯定是与成功绝缘了。

早上8点，小敏早早地来到了公司，与其他一起参加面试的人坐在同一间房间里。这似乎是一次集体面试，所以，当其中一位参加面试的时候，其他人可以观看整个过程。小敏觉得这是个好主意，可以学习到很多面试中可能出现的问题，尽可能地及时修正。正在小敏思考着怎么说的时候，耳边传来了上一位面试人员的声音，异常清晰流畅，小敏不禁放下了自己的思路，认真听了起来。听到了精彩的地方，她忍不住鼓掌，引得周围的人面面相觑，那个严肃的面试官也看了她一眼。小敏意识到自己的行为影响到了大家，就立刻缄默不语了。到小敏的时候，她说的第一句话是就自己刚才的行为向大家道歉，但是同时也表现出对刚才那位应聘者的赞赏，随后简单地介绍了自己。面试官提了两个很简单的问题，就让她走了，小敏知道自己没有希望了。

谁知道，第二天小敏接到了该公司的电话，让她赶往公司参加集训。小敏匆匆忙忙跑进公司，正好碰到了昨天的面试官。小敏微笑着和他打招呼，面试官也很友好地点头，并说道："我想你一定在奇怪为什么我们选择了你，其实答案很简单，是因为你那份为他人喝彩的勇气，很少有人会像你这样做，她们在表现自己的时候，往往喜欢贬低他人，但你是与众不同的。"小敏有些惊讶，原来自己无意间的举措竟会为自己赢得这份工作。

在面试现场，相信所有的人都在对应聘者评头论足的时候，小敏作出了相反的举动，毫不犹豫地为应聘者鼓掌喝彩。这是一份难得的勇气，它意味着在看重自己的同时，也毫不吝啬地给予对方以赞赏。也许，很多女人都做不到这一点，因为没有足够宽阔的胸怀以及那份坦然的心情。所以，大方一点，坦然一点，在展示自己的同时，也要学会为他人喝彩，这不仅仅可以改善你的人际关系，也会为自己赢得不错的口碑。

1.学会为他人喝彩

展示自己是一种自信，为他人喝彩更是一种绝对的自信。一个真正有能力的女人，是不需要踩在别人的头上，也没有必要刻意去贬低他人来抬高自己，她只会依靠自己来获得成功。这是一种坦然的生活态度，其实，一个聪明的女人，就是要勇敢地展现最真实的自己。

2.贬低他人会让自己成为不受欢迎的人

一个有魅力的女人，她一定是自信的，她既不需要特意地表现自己，也不需要借助其他人来衬托自己。而那些不自信的女人，唯恐人们发现不了自己的才能，硬是在表现自己的同时，忍不住对他人吹毛求疵一番，以此希望全场的焦点都集中在自己身上。实际上，它展现了你极其自私的一面，这样的人呈现在人们面前，只能被列为不受欢迎那一类人物。

学会口下留情

有的女人说话总是咄咄逼人，说话很不好听，明明是没有道理的也要说得很有道理。这样的人个性大多比较强，作风也显得很有霸气，做事或说话都不留情面，常常让人下不了台。她们自认为这样的做事风格说话方式会为自己赢得不少的支持者，但是，却往往因为口不择言而得罪了一大批人。

在现实生活中，无论是说话还是做事，都应该谨言慎行，保持低调，给予对方一些情面，别人也会因此而对你充满感激，自然也就会为你赢得好人缘。相反，如果你事事强出头，说话不留情面，总是一副咄咄逼人的样子，周围的人则对你避之而唯恐不及。因而，面对身边朋友的劝谏，要虚心地接受，认真地思考并加以改进，若是保持一副得理不饶人的样子，就免不了深陷有理说不清之境，到那时候后悔也为时已晚。所以，我们在平时说话的时候，要舍得给对方留一些情面，口下留情，别一副咄咄逼人的样子。只有给予对方一些情面，才能保证自己有面子。

李文是某重点大学新闻与传播学院的应届毕业生，大三就开始在一家报社实习，一年多下来，有上百篇稿件见诸报端。她觉得自己性格外向，聪明灵活，天生就是干记者和编辑这一行的料。所以，当某大型国企的内部刊物招聘编辑时，李文毫不犹豫地投了简历，自我感觉这个岗位非她李文莫属。通过了资格审查和笔试，她一路过关斩将闯进了面试阶段。由于她能说会道，因此轻轻松松地通过了面试，她觉得自己更加有能力。所以，她一点儿也不把那些同在一间办公室的同事放在眼里。

三个月过去了，虽然李文的工作干得有声有色，但她在企业里的人际关系却不怎么样。许多同事背后议论纷纷“以为自己多了不起，还不是一个新人”、“最讨厌她说话咄咄逼人的样子，真恨不得扇她两巴掌”、“哎，虽这么说，但这次竞争主管估计她能成功，毕竟她那能力还是大家有目共睹的”。原来，企业内部最近空缺了一个主管位置，几位实力相当的员工展开了角逐，而李文就在其中。竞争的主要方式是小组讨论后再进行自由演说，这绝对算是李文的强项，她似乎看到成功在向自己招手了。

竞争开始了。在小组讨论环节，由主编给出一个栏目的策划草案，大家一起讨论一个半小时。李文一心想要显示自己的实力，希望能成功地获得主管这一职位，于是发言特别积极，一个人就占了半个小时的时间，而在接下来的讨论中，有的同事一开口就被她打断了，她接过话头就滔滔不绝起来，遇到有不同意见更是争个不休。看到身边的同事面露不悦，李文心想：那也没办法，竞争就是这样残酷嘛。讨论完后，她自我感觉还不错，回到家就开始准备上岗后的安排，然而几天后，办公室公布的并不是她的名字。

从这之后，李文的人际关系每况愈下，办公室里的人似乎都知道了她的个性，都躲她远远的。

显然，李文那过分张扬的个性，乱抢话头、咄咄逼人的说话方式导致她在竞争中的失败。即便是为了表现自己，也不是说得越多越好，嗓门越高越好，

因为这样反而会招来别人的怨恨，而赢得好人缘的关键在于言之成理，谦虚谨慎。李文竞争的是做一些协调方面工作的主管，文字功夫和策划能力固然重要，但优雅的谈吐也是非常重要的，领导很难接受她那种咄咄逼人的说话方式和过分张扬的个性，她被淘汰出局当然是情理之中的事了。

1.咄咄逼人说话只会招来怨气

也许，有女人觉得以咄咄逼人的说话方式可以给自己长气势，使自己在人前很有面子。但是，我们之所以不提倡这样的说话方式，是因为“咄咄逼人”本身就隐含着对别人的威胁性和攻击性。一方面，这样的说话方式直接驳了别人的面子，让别人陷入一个难堪的境地；另一方面，气势汹汹、盛气凌人的样子会给对方带来一些压力，双方不是在平等的基础上交流，难免就有轻视之嫌，有时候还会被别人认为是恶意地挑战，惹来怨恨。

总之，口下不留情、咄咄逼人的说话方式只会让自己招来怨恨，而得不到一点好感，直接危及到自身的人际关系。如果你能在表达自己意见的同时，表现出友好低调的姿态，势必会赢得人们的好感，还会因此而得到一些朋友，这对于拓展自己的人际关系也是极大的帮助。

2.谦虚说话方能赢得好感

在现实的人际关系中，我们要善于练就谦逊谨慎的谈吐和处世之道，假如你总是以咄咄逼人的说话方式和过分张扬的个性来对待身边的人，那么你只会成为被冷落的那一位，你的人际关系也将陷入困境。所以，舍得面子，口下留情，以谦虚谨慎的低姿态面对周围的人，你会赢得良好的人际关系。

第13章　洞察他人，了解对方的心理

在生活中，很多人都喜欢懂事、善解人意的女人，而这样的女人并不是天生就会善解人意，都是通过后天生活的磨炼获得。比如通过日常观察，可以从对方的表情、打扮、动作以及看似不经意的行为，第一时间掌握对方的意图，了解对方的心理。

善于读懂对方的心理

人与人的交往中，需要有效地读懂对方的心思，了解对方的心理需求，才能够进行有效的交流。但是，当你清楚对方的心理需求之后，更需要懂得如何“对症下药”。俗话说：“知己知彼，百战不殆。”在交往中，知彼很重要，它可以让我们掌握对方的一些信息，了解其心理需求。使双方之间的交流更加畅快。而在揣摩对方心理这方面，女人有着天生的敏锐触角。

袁世凯窃取了辛亥革命的革命果实，掌握了中华民国临时大总统权力后，整天做着自己的皇帝梦。一天，袁世凯正在午睡，一位侍婢端来参汤，准备等袁世凯睡醒后喝掉。谁知这位侍婢在进门的时候，一不小心差点摔倒，虽然把自己身子平衡住了，但却将手中珍贵的羊脂玉碗打翻在地，化为碎片。玉碗的破碎声惊醒了袁世凯，他一见自己心爱的羊脂玉碗被打得粉碎，气得脸色发

紫，大声吼道：“今天俺非要你的贱命不可！”

在这关键的时刻，婢女连忙跪着哭诉：“这不是小人之过，婢女有下情不敢上达。”

袁世凯大骂道：“快说快说，看你死到临头，还能编出什么鬼话。”

侍婢哭着回答：“小人端参汤进来，看见床上躺着的不是大总统。”

“混账东西，”袁世凯更加怒不可遏，“床上不是俺，能是啥？”

“小人不敢说，怕人哪！”婢女哭声更大了。

袁世凯气得陡然立起，咬牙切齿地说：“你再不说，瞧俺不杀了你！”

“我说，我说。床上，床上……床上躺着一条五爪大金龙！婢女一见，吓得跌倒在地……”

袁世凯一听，心中不由一阵狂喜，心想：原来自己真的是真龙转世，一定会登上梦寐以求的皇帝宝座的。顿时，袁世凯怒气全消，还拿出厚厚的一沓钞票为婢女压惊。

那位婢女是何等的聪明，她整日侍奉袁世凯，对他梦想当皇帝的心理体察入微。当宝碗玉碎，自己的命眼看就要没了，她情急智生，顺口编出“五爪金龙惊落玉碗”的故事。而这个故事正是对袁世凯心理需求的下药，满足了其心理需求，使袁世凯顿时转怒为喜。于是，婢女不仅拣回了自己的命，还得到了意外的赏赐。

西方哲学家马斯洛说，人的需要由低级向高级分为五个层次，依次为：生理的需要，安全的需要，从属和爱的需要，尊重的需要，自我实现的需要。一般来说，人与人之间大多是通过语言或行为进行交流，那么首先你就要在这两方面下工夫。

1.面对不同个性的人

有的人喜欢听好听的话，那么你不妨投其所好，适当地对他说一些好话，就会赢得对方的好感；有的人不喜欢别人的恭维，那么你在说话时就要把握好一个“度”，言语真诚而不显阿谀，态度友好而不显谄媚。语言是人与人之间交往最基本的工具，你在交往中面对不同心理需求的人，要对症下药，说到对方的心窝里，才能够打动对方，从而进行卓有成效的沟通与交流。

2.面对有着不同兴趣的人

不同的人有着不同的兴趣爱好，那么你在与其交谈的时候，不妨巧妙地把话题引到对方所感兴趣的话题上来。比如，他比较喜欢收集纪念品，那么你不妨也谈谈关于收藏的价值，就会激发其谈话的兴趣；他比较喜欢音乐，你就不妨说说当下最流行的音乐。总之，他的兴趣爱好是什么，你们在进行语言交流的时候，最好是利用对方的兴趣爱好进入话题，这样才能使对方消除戒备心理，对你有一种认同感。

其实，每个人都有着自己的性格，有着自己的兴趣爱好，有着自己的心理需求。不管对方有着怎么样的心理需求，只要你能够有的放矢，对症下药，满足对方心理需求，就会在交往中取得主导权，成为交际中的大赢家。

女人，要具备察言观色的能力

一个女人要想读懂他人，洞察力是基础。何谓洞察力？顾名思义，洞察力就是指深入事物或问题的能力，从字面意思理解为对于山洞的观察，我们都知道，在山洞中除了洞口的地方被阳光照射之外，其他的地方是越深越黑暗，在这样的情况下，就需要有敏锐的观察能力了。弗洛伊德说：“洞察力就是变无意识为有意识。”实际上，洞察力的实质就是透过现象看本质，在观察一个人的时候，学会用心理学的原理与视角来归纳总结其行为表现。在现实社会中，人们往往不愿意袒露自己，而是将真实内心隐藏在深处。这时候，就需要我们具备一定的洞察力了，一个人的真实意图往往流露于不经意的举手投足间，外溢于外形容貌中。有了敏锐的洞察力，我们才能够破译对方的真实心理，就能迅速准确地看透对方心理，从而掌握人际交往的主动权，成为人际博

弈中的赢家。

有一次，高尔基和两个作家朋友到一家饭店就餐。坐下之后，高尔基建议来一次看人比赛。大家随便选定一位顾客进行瞬间观察，说出自己观察所得的印象，谁说得最准确、最细致，谁就是胜利者。

他们选定了一位正走进来的顾客。高尔基通过仔细的观察，说出他的大致特征：脸色苍白，身穿灰色衣服，双手细长且微微发红。作家安德烈耶夫则看出他衣服的颜色不对。另一位作家布宁说得更详细了：身穿灰色衣服，搭配了一条带小花的领带；双手细长且红，小指甲还有点不正常。他还根据此人的举止、神色，猜测此人可能是个骗子。大家向饭店的主人一打听，果然不出布宁所料。

布宁通过对那位顾客外表服装、举止、神色多角度的仔细观察，猜测他有可能是个骗子。结果通过饭店证实了他的猜测。在这个案例中，布宁识人成功的原因在于他拥有较高的洞察力，如此，才能看出那位骗子表面的掩盖物。

苏轼是一个识人的高手，有着过人的洞察力。

当时，有一个谢景温的人，与苏轼关系很不错，两个人常常在一起谈论诗文，褒贬古今。有一次，苏轼与谢景温到郊外游玩，无意间看到一只受伤的小鸟从树上掉下来，苏轼刚想把小鸟拾起来，谢景温却抬脚将那只小鸟踢到一边。看到此景，苏轼的心凉了半截：这样一个轻贱生命，损人利己的人，不可深交啊。后来，他渐渐疏远了谢景温。果然，后来谢景温为了讨好王安石，全然不念之前的交情，加害苏轼，企图将其治罪。

早年，苏轼有一位姓章的朋友，在苏轼任凤翔府节度判官的时候，两人去山中游玩。在仙游谭的时候，眼看前面是悬崖峭壁，只有一根独木桥相通。这位姓章的朋友提出让苏轼过桥，在绝壁上留下墨迹，苏轼不敢。却没想到，那位姓章的朋友神色平静地轻松走过，然后用绳子系在树上，以高难度的手法在陡峭的石壁上留下了“苏轼章某来此”几个大字。苏轼长叹曰：“能自拼命者能杀人也！”后来，章某当上了宰相，有了权势，对人毫不手软。因与苏轼政见不合，对曾经的朋友也痛下狠手，将其贬至偏远的惠州。

从上面两个故事，可以看出苏轼过人的洞察力。只凭一个踢鸟的动作，看出朋友是一个轻贱生命、损人利己的人；凭着朋友脸色平静过独木桥，只为留下几个大字，可看出朋友是一位为了求得目的不惜杀人的人。苏轼对这两个的朋友的判断，事实证明，都是极其准确的。而苏轼能够如此的识人本领，就在于其高超的洞察力。

替对方着想，促成合作

在日常交际中，我们在与对方的交流沟通，实际上就是一场心理的较量。如果我们一开始就能替对方着想，那么就能轻易达成合作。

三国时期，蜀国邓芝受命出使东吴。他到了东吴，孙权对他来吴目的很怀疑，因此不肯接见。过了两天，邓芝给孙权写了一封书信。孙权一看，只见写道："臣今到此，非但为蜀，并且为吴。若大王不愿见臣，臣就走了。"孙权犹豫不定，一些大臣也都想刁难一下邓芝。后来，孙权采纳了张昭"先给邓芝个下马威"的意见，在殿前放一个沸腾的油鼎，命武士各执兵器，站立在两侧，召邓芝入见。

邓芝听孙权召见他，便从馆舍出来，面部毫无惧色，昂首走入大殿。邓芝进入殿内，就对孙权说："我特为吴国利害而来，大王却设兵置鼎，以拒一儒生，可见大王度量太小。"孙权听后，觉得很惶愧，忙令人赐坐。邓芝问道："大王欲与魏和呢，还是与蜀和呢？"孙权说："孤非不欲和蜀，但恐蜀主年幼国小，不足敌魏。"邓芝侃侃道："大王为当世英雄，诸葛亮亦一代豪杰。蜀有山险关隘，吴有三江，若互为唇齿，进可兼并天下，退可鼎足峙立。如大王甘心事魏，魏必然会征大王入朝，索王子做质子，一不从命，便起大兵讨伐，那时蜀国再顺江东下，臣恐大王两面受敌，江东之地不能复有

了，请大王熟思！”为赢得孙权的信任，表示诚意，邓芝又说：“若大王以为愚言是不可取的谎言，吾愿立即死在大王面前，以消除说客之名。”说着，邓芝就撩起衣服，装做向油鼎跳去。孙权忙令人将邓芝拦住，请入后殿，以上宾之礼相待。

刚开始，孙权不愿意接见，邓芝就直言不讳地说：“臣今到此，非但为蜀，并且为吴。”不仅为蜀国而来，也为吴国而来，似乎蜀国与吴国有着生死攸关的关系。后来，在整个谈判过程中，邓芝详细地解释了：“诸葛亮亦一代豪杰，蜀有山险关隘，吴有三江，若互为唇齿，进可兼并天下，退可鼎足峙立。如大王甘心事魏，魏必然会征大王入朝，索王子做质子，一不从命，便起大兵讨伐，那时蜀国再顺江东下，臣恐大王两面受敌，江东之地不能复有了，请大王熟思！”原来，蜀吴两国是互为唇齿，如果蜀国没了，那吴国的屏障也就失去了，这样一来，大家岂不是在同一条船上。最终，孙权明白了其中的利害关系，他被邓芝一番恳切的言辞打动了。

小娜是一位节油制汽车推销员，这天，她约见了一位客户，这是一位拥有三辆车的店主。小娜想：对于这样一位客户来说，他最在意是怎样能节约汽油费，以此来缩小店里每天的开销，以达到最大的盈利。

有了这样的想法，小娜一开口就礼貌地询问起来：“先生，请教你一个问题，请问增加贵店利润的三大原则是什么？”客户好像很乐意回答这样的问题，他回答：“第一，降低进价；第二，提高售价；第三，减少开销。”小娜立即抓住话题说下去：“你说的句句是真言。特别是开销，那是无形中的损失。比如汽油费，一天节约20元，你想过多少吗？如果贵店有3辆车，一天节省60元，一个月就有1800元。发展下去，10年可省21万元。如果能够节约而不节约，岂不等于把百元钞票一张张地撕掉？如果把这一笔钱放在银行，以5分利计算，一年的利息就有1万多元，不知您高见如何，觉得有没有节油的必要呢？”听了小娜这样的分析，客户觉得自己应该解除这种恶劣情况，最终购买了节油制汽车。

对于任何一个有车一族来说，他所在意的就是如何节约汽油费，而对于拥有三辆汽车的店主来说，这样的问题他会更在意。推销员小娜非常明白客户在意的重点，因此，在与客户交谈的过程中，她一点点地将话题延伸到节油的问题上，引起客户的注意，再一点点详细说明来博得客户的同意。既然汽车可以节油，为什么还要继续“浪费”下去呢？这样有力的说明打动了客户，于是，他会想方设法地用节油车来解决之前的“浪费”的问题，选择购买推销员小娜的节油制汽车。

另外，在日常交际中，双方的沟通最忌讳彼此沉默不语，或者，自己在那里说得口若悬河，对方总是一副爱理不理的样子。那么，如何打动对方开口说话呢？最好的办法就是替对方着想，善于发现对方比较在意的东西，比如兴趣爱好，从对方感兴趣的东西说起，这样才会使整个谈话过程变得愉悦而畅快。

柔情话语，激起对方的同情心

生活中难免会遇到困难，我们在求人办事的过程中，如果能利用一些柔情话语来博得对方真切的同情，就会给对方一种慰藉，一种体贴。使对方获得一种心理上的满足，从而让自己的问题得以圆满地解决。

约翰固执地爱上了商人的女儿柯尼亚，但柯尼亚始终拒绝正眼看他，因为他是个古怪可笑的驼背。这天，约翰找到柯尼亚，鼓足勇气问：“你相信姻缘天注定吗？”柯尼亚眼睛盯着天花板答了一句：“相信。”然后反问他，“你相信吗？”他回答：“我听说，每个男孩出生之前，上帝便会告诉他，将来要娶的是哪一个女孩。我出生的时候，未来的新娘便已经配给我了。上帝还告诉我，我的新娘是个驼子。我当即向上帝恳求‘上帝啊，一个驼背的妇女将是个悲剧，求你把驼背赐给我，再将美貌留给我的新娘’。”当时，柯尼亚看着约

翰的眼睛，并被内心深处的某些记忆搅乱了。她把手伸向他，之后成了他最挚爱的妻子。

约翰通过柔情的话语赢得了爱情，他的话语触碰到了柯尼亚心中最柔软的位置。日常生活中，运用合适的说话技巧，确实有可能帮助我们达到目的。虽然，“柔情攻略”的说话方式显得有点“煽情”，但也不失为是一种说服对方给予帮助的方法。当然，如果总是说一些有利于自己的话，通常会引起对方的怀疑，这时候不妨借他人之口，说自己之事，让别人来替你说话，以激发对方的同情心。

亚伯拉罕·林肯出身于一个鞋匠家庭，而当时的美国社会非常看重门第。林肯竞选总统前夕，在参议院演说时，遭到了一个参议员的羞辱。那位参议员说：“林肯先生，在你开始演讲之前，我希望你记住你是一个鞋匠的儿子。”林肯看看他，没有表现出愤怒的样子，而是深沉地说：“我非常感谢你使我想起我的父亲，他已经过世了，我一定会永远记住你的忠告，我知道我做总统无法像我父亲做鞋匠做得那么好。”听了林肯这一席话，参议院陷入了沉默，林肯又转头对那个傲慢的参议员说：“就我所知，我的父亲以前也为你的家人做过鞋子，如果你的鞋子不合脚，我可以帮你改正它。虽然我不是伟大的鞋匠，但我从小就跟随父亲学到了做鞋子的技术。”然后，他又对所有的参议员说：“对参议院的任何人都一样，如果你们穿的那双鞋是我父亲做的，而它们需要修理或改善，我一定尽可能帮忙。但是有一件事是可以肯定的，我无法像他那么伟大，他的手艺是无人能比的。”说到这里，林肯流下了眼泪，所有的嘲笑都化成了真诚的掌声。后来，林肯如愿以偿地当上了美国总统。

林肯出身卑微，也许他没有任何贵族社会的硬件，但他却有着出类拔萃的才华，能够扭转不利局面。那番对父亲的表达情感的话语使他赢得了所有参议员的尊重，赢得了成功。

1.以情动人

充满感情的话语是能够打动人心的，如果你能够有感情地提出自己的诉求，甚至诉说一下自己当下的难堪境况，对方有可能会因同情而给予你帮助。

2.适当示弱

在求人办事的过程中，我们需要以一个弱者的姿态来赢得对方的同情。俗话说：“软刀子更扎人。”讲的就是示弱话语的说话技巧。

3.多进行感情投资

松下幸之助是一个主动进行感情投资的人，他每次看见员工都会亲自上前为其沏茶，充满感激地说：“太感谢了，你辛苦了，请喝杯茶吧。”正因为平时生活中的感情投资，所以，下面的员工都乐意为其效劳，最终把“松下”做成了国际品牌。

妙用激将法，促成其事

生活中，我们无论做什么事情都需要潜在的竞争，只有竞争才能激发内心自我超越的欲望，更好地把这件事情完成，甚至为此爆发出巨大的潜力。要善于利用人们的这一心理特点，在平时的交流中，通过一些灵活的方法，激发对方超越自我的欲望，有助于促成其事、取得成功。

有一家空调制造厂，因为员工一直完不成定额，主管非常着急，他已经用尽了所有的办法，说了好话，又是鼓励又是许愿，甚至还采用了“完不成定额，就走人”的威胁手段，可就是没有一丝效果。他只好向总经理作了如实的汇报。

总经理在主管的陪同下走进了工厂，当时，日班马上就要结束了，总经理问一位工人：“请问，你们这一班在今天制造了几部空调？”“5部。”那位工人回答。总经理没有再说话，只是拿了一支粉笔在地板上写下一个大大的数字“5”，然后转身离开了车间。夜班工人接班的时候，看到了那个“5”字，便问是什么意思，那位准备交班的日班工人详细地作了解释。夜班工人看着那个

“5”字，越看越觉得刺眼。

第二天早上，总经理再次来到工厂，他看到夜班工人已经把那个“5”字擦掉，重新写上了一个大大的“6”字。而日班工人接班的时候当然看到了很大的“6”字，他们毫不示弱，抓紧时间干活。当天晚上下班的时候，他们在地板上留下了具有示威性的特大数字“9”。就这样情况逐渐有所好转，而工厂的产量也大幅增高。

如果领导希望员工能够圆满地完成工作，就要使员工之间形成良性的竞争，有了竞争，才会激发其超越自我的欲望，才有可能超额完成任务。对于每个人来说，最大的竞争对手并不来自他人，而是自己。他人的存在不过是为了激发自己内在的潜能，所以，我们在平时生活中也要善于激发他人争强好胜的心理，使他们能够有勇气战胜自己。

吴先生是一家大型企业的总裁，他尤其善于激发员工的好胜心。一次，吴先生新研发了一个产品，需要一位卓越的推销人才去为新研发的产品打通市场，这是一件异常艰巨的任务。吴先生经过几番斟酌，选定了公司里一位颇具能力的新员工。

“带着新产品去打通市场，怎么样？”吴先生轻松地问被召见的新员工，“我现在急需要一个有能力的人去给我做销售顾问。”

那位新员工大吃一惊，他当然知道这件任务的艰巨性。他不得不考虑自己的能力，考虑这是否是在自己的能力范围之内。

吴先生见他犹豫不决，便微笑着道：“害怕了？年轻人，我不会怪你，这本来就是一件艰巨的任务，它更需要一个有能力的人来负责！”

这句话激起了那位新员工的好胜心，他最终接受了挑战，并最终为新产品打开了销售之路。

好胜心是每个人的天性，对很多事情，只要我们善于激励，对方就一定会以最大的热情去干，并干好这些工作。一位聪明的女人应该善于激发他人自我超越的欲望，使对方振奋精神，积极接受挑战。

1.“冷水”浇头

每个人都有自尊心，有时候是因为某种原因使其自尊心受到压抑，出现自卑、气馁等现象。这个时候，可以直截了当地给以贬低、羞辱，刺痛之，激怒之，“冷水”浇头，使他精神一振，让其自尊心从压抑状态中解脱出来，从而精神面貌焕然一新。

2.黑脸和白脸

有些员工其实很有才华，但因为内心的自卑感，总担心自己会表现不好，这个时候，如果“一盆冷水把他从头浇到脚”，就会让他更加怀疑自己的能力，所以领导在使用激将法时不要太鲁莽，而要讲究技巧性。对待这种有自卑感的员工，需要采取“唱双簧”的方法，找个人配合，一个唱黑脸，一个唱白脸，会有很好的效果。

第14章 辨识真假，女人做事眼明心亮

日常生活中，我们所遇到的人形形色色，在他们中间，也可能真伪难分。女人作为社会的弱势群体之一，尤其容易受到他人的蒙骗，在此，给各位女性朋友提个醒：做事需学会辨识真假。

分清朋友的真情假意

俗话说："在家靠父母，出外靠朋友。"我们每个人都离不开朋友，无论是在生活中，还是在工作中，每个人都会有朋友。朋友就是与我们交情深厚，彼此要好的人。我们与朋友之间的友情是一种纯洁、平凡的感情，也是坚实、永恒的感情。对于每一个人来说，你可以没有爱情，但绝不能没有友情。假如你的生活圈子里没有了朋友的相伴，那么每一天的生活将如同死水一般，没有生气也没有激情。可以伴随我们一辈子的感情，友情无疑是最珍贵的情感之一。不过，我们都知道，任何感情都需要经受住考验，才能称之为永恒。当我们成功了、失败了、伤心了、落泪了时，考验的时机到了，身边的朋友如何对待我们，自然就可以分辨出谁是真的谁是假的。有的朋友见你遭遇困难了，唯恐殃及自己，早就躲得远远的；而有的朋友则表现十分仗义，主动提出帮忙，倾力相助。

小军与张亮是一对好朋友，小军从事导演工作已经十几年了，但是，最近这些年总是走下坡路。前不久，小军踌躇满志地策划了一部新戏，投入了大部分资金作为启动资金，那个作品就像是自己的孩子一样，耗费了他无数的心血。可是，谁也没有想到，从创作、一手筹划开始，眼看着就快要开拍了，可是，投资方却突然撤资了。剧组所有工作陷入了困境，小军整日沉浸在痛苦中，原来因为自己执意从事导演工作，前几年已经欠下了千万的账款，这次好不容易找到了肯投资的公司，准备打个漂亮的翻身仗。却没有想到不知投资方在哪里了解到自己的经济状况，而选择了撤资，这对他简直是毁灭性的打击。

朋友们听说了这个消息，纷纷远离了小军，聚会也不再叫他。小军只得感叹："世态炎凉！"在这时，朋友张亮不知道从哪个朋友嘴里听到了这个信息，马上放下手上的工作，开车来到小军家，一进门就说："我来给你的新戏投资。""什么？"小军满脸惊讶，张亮不懂得演艺事业，以前还经常开玩笑说："那玩意挣不了什么大钱。"现在，竟然愿意投资，张亮笑了，说道："我是不懂表演，甚至，直到这一刻，我也不是喜欢它的，但是，你是我的朋友，好哥们。你现在遇到了困难，我不能袖手旁观，相信你的眼光，我马上就将资金转过来。"听了这话，小军心里暖暖的。由于资金的及时到位，小军的作品被如愿搬上了大屏幕，并取得了巨大的成功。在庆功宴上，小军举起酒杯向张亮敬酒："你是我这辈子的恩人，我是不会忘记你的。"张亮颔首微笑，并没有说话。

经过这次，小军自然明白，张亮才是自己最真心的好朋友。自己遭遇失败了，能够鼎力相助的人才是真心对你，那些只习惯于锦上添花的朋友不过是摆设，他们不想对你付出任何真情。试想，如果朋友仅仅是建立在"同享福，不能共患难"的基础之上，那么，这样的朋友会长久吗？

任何感情需要在经历了考验之后，才会显得更深厚。就拿朋友来说，如果彼此都没出什么事情，平日里聚聚会，逛逛街，吃吃饭，喝喝酒，那看不出这个朋友是真还是假；但每每到了紧要关头，却选择失踪，那可就有几分假了。

对于我们来说，要善于观察朋友对自己的态度，尤其是在考验时机，这可以让我们看清哪些朋友是真的，哪些朋友是假的。

那么，我们该如何去判断什么时候才是考验时期呢？我们又该如何分辨真假朋友呢？

1.成功时刻，朋友的表现

有的人发现，那个平日与自己无话不谈的朋友在听说自己成功后，突然沉默了，这是为什么呢？我想可能是内心的嫉妒、羡慕心态在作祟，面对你的成功，他们满脸不屑，甚至，满嘴的风凉话。其实，真正的朋友是不会嫉妒你的，他只会为你的成功而高兴、祝福。心胸狭隘的朋友，他们就连“锦上添花”都做不好，如此的朋友，对你自然没什么真心。

2.失意时候，朋友的表现

一个人失意的时候，可以说是一个考验朋友的最佳时期。许多人在得意的时候，高朋满座，一旦失意，则“朋友”都忙了。那些在你失意的时候，离你而去的朋友，对你并不是真心的。更有甚者，有的朋友就是奸诈小人，在你失意之后，他非但不帮忙，反而雪上加霜，落井下石。如此的朋友，更应该选择远离，甚至绝交。

不过，真正的朋友是不会这样的，即使你失败了，他也会陪伴你度过最难熬的日子，在他看来，他所结交的不过是你这个朋友，而不是你的头衔、地位。

用你的双眸识别真诚与谎言

美国心理学家经过长时间观察与研究指出，人是爱说谎的动物，每天平均最少说谎25次，比自己所意识到的说谎更多。无论是否基于自我保护心理，谎言已经成为每个人日常生活的一部分，对于这一现象，麻省理工大学社会心理学家费尔德曼的解释是“懂得在适当的时候撒谎或扭曲事实，是待人接物的技巧。”当然，说谎并不一定让你更愉悦，揭穿别人的谎言也不一定让你更快乐，更有成就感。但是，如果在某些场合，能够觉察到别人的谎言，透视某种“假象”，势必会对自己采取更正确的反应有利。

一个人撒谎时，通常有哪些典型反应呢？根据对方的话和对方的反应，有助于推断出对方的准确态度，并作出更正确的反应，也许可以避免某些语言的陷阱和他人的谎言可能给自己带来的麻烦、不利。

1.眼神闪烁不定

一般来说，说谎的人会尽量避免和别人的眼神、视线接触，所以说谎的人大多数会表现得比较慌乱，眼神闪烁游移不定、目光散乱不集中、表情僵硬，低着头或者看向其他方向。同时还可能伴随着一些其他的肢体动作，比如双手对称下压，表示正在掩饰些什么。摩擦鼻子或者颈部，因为说谎会刺激鼻子或者颈部的神经末梢，引起发痒，人们就会下意识地在鼻子下方或者颈侧摩擦几下。

比如美国神经学者深入研究了克林顿在莱温斯基事件中的表现，他们发现，他在向陪审团陈述证词时，只要一涉及谎言，他的眉毛就会下意识地微微一皱，然后摩擦一下鼻翼部位，在整个陈述证词期间触摸鼻子达到了26次之多。

2.揉眼睛

其次可能发生摩擦眼睛的状况，明显的视线躲避会很容易使人感觉到谎言，因此大部分人反而可能尽量使眼睛看向对方，但可能眯起眼睛或者用手轻轻在眼睑上摩擦几下。这种动作可能基于以下心理：当一个孩子不想看见某样东西时，就会用手遮住自己的眼睛，成人以后，大脑也会通过摩擦眼睛的手势企图阻止眼睛目睹欺骗、怀疑和令人不愉快的事情，或是避免面对那个正在遭受欺骗的人。不擅长欺骗的人可能会揉擦眼睛，而比较擅长的人则会不自觉地用手指触碰一下下眼睑。另外，他们的视线很可能是向下的，以

避免对方的盯视。

3.有可能直盯你的眼睛

当然也可能相反，对方加倍专注盯着你的眼睛，而没有其他多余的肢体动作。因为大多数人都知道“说谎者从不看你的眼睛”，所以高明的说谎者反而会反其道而行之——加倍注视盯着你的眼睛，使得瞳孔膨胀。实际上，这类说谎者在眼神上也有致命漏洞——因为欺骗者看你的时候，注意力太集中，他们的眼球开始干燥，这让他们更多地眨眼，这是个致命的信息泄露。

4.眼球的转动情况

从眼球的转动情况也可以看出一个人是否说谎，直接盯着某人眼睛的转动状况，如果对方的眼球向右上方转动的话，说明他的大脑正在“构建”一个新信息，就说明这个人正在说谎。而如果对方试图回忆的话，眼球往往会向左上方运动。尤其当某个问题是必须通过回忆或者思虑才能够回答出来的时候，如果对方不经思考就看着你的眼睛马上回答，说明他在讲述一个已经编好的谎言；如果对方的眼球先向上后向右转动，则说明他正在编织一个谎言。这种“眼动”是一种反射动作，除非受过严格训练，否则是假装不来的。

5.眼部肌肉是否跳动或痉挛

另外，说谎时，眼部周围的肌肉可能出现微微跳动或者痉挛状况，即使盯着对方，这种盯视也可能极为不舒服，不是时间过短就匆忙别开视线，显得心虚；就是盯视时间过长，目光过于僵硬，让你感到威胁。尤其是女人，当她们注视你过久的时候，不妨认为她可能心中隐藏着什么，要注意她言不由衷的真相。

当你需要掌握对方非常真实的意图的时候，不妨仔细观察对方眼部的细微动态和变化，眼神的闪烁、视线的回避、眼睛的眨动、眼球的转动甚至眉毛和眼部肌肉的细微活动，都可透视到对方的谎言和言不由衷。根据谈话的重要性可以适当要求对方提出意见或者重复自己的谈话，以引起对方的重视，改变对方的态度。

女人，谨慎识别“骗子”男人

在我们身边，有不少打着爱的幌子却到处欺骗女人的男人，刚开始的时候，他们山盟海誓，说得跟真的一样，到最后，不是为财就是为了寻求某种刺激。而女人天生感性大于理性，很多时候，容易被爱冲昏头脑，以至于相信男人的甜言蜜语，到最后吃亏受苦了，才追悔莫及。因此，作为女人，应该警惕身边的男人，仔细观察其言行，以免自己上当受骗。对女人来说，当自己在爱着一个男人的时候，会同情他，在他受伤的时候，会跟着伤心难过；在他痛苦的时候，也会跟着痛苦。与此同时，自然而然地，你想帮助他解决问题，这样做不仅仅是为了他，也是为了自己。于是，在男人的花言巧语下，你可能会借钱给他还债，会投资他所谓的工程，会让他住到你的家里，还有可能为他买车买房，甚至，帮他寄钱回家。如果你身边的男人有这样的迹象，那么就应该警惕了。

小娜刚刚大学毕业，临近毕业前，她到了一家汽车公司做文员。在那里，她结实了司机阿华，看到清纯亮丽的小娜，阿华心动了。在阿平的轮番攻势下，小娜答应两人试着交往一段时间，在刚开始的时候，阿华出手阔绰，经常给小娜买衣服和零食，还请小娜的朋友去唱歌。闲聊之中，阿华对小娜承诺：“我会让你成为世界上最幸福的女人。”小娜本来犹豫的心也定了下来，觉得阿华这人还是不错。

后来，在与阿华的接触中，小娜渐渐发现每次她问道阿华的过去，他总是支支吾吾，要么就是不耐烦地说：“又问那些事情，真是很烦耶！”小娜也就不问了，可回过头，她总是委屈地流下眼泪。在一次与阿华一些朋友的聊天中，小娜了解到阿华那些隐藏的秘密，原来阿华曾做过三年的牢，而且，在老家还有一个私生子，据说是因为跟一个女人鬼混而生下的。而就在小娜与阿华相恋的这段时间里，那位女人还在阿华的老家照顾孩子，后来听说了阿华另有新欢的消息，才决然而去。

伤心欲绝的小娜回去后，质问阿华："这些都是真的吗？"没想到，一向好脾气的阿华满脸不悦，怒声吼道："这都是过去的事情，有什么好问的，如果你想了解，我告诉你这是真的。"伤心的小娜哭了整整一晚上，第二天就收拾东西离开了。

刚刚大学毕业的小娜单纯，容易相信陌生男人的话，而混迹社会多年的阿华正是瞅准了这样的心理，他隐瞒了不堪的过去，以此来欺骗小娜，而且，在小娜质问之后，他依然觉得错不在自己，反而恼羞成怒。虽然，阿华并没有骗取任何具体的东西，但他欺骗了小娜的感情，而感情才是最伤人的。

对有的男人来说，说谎就像吃饭一样简单频繁，他们习惯以谎言来掩饰自己的秘密。他们常常对女人说："我会让你成为最幸福的人"、"我家里很有钱，你不用工作都行"，那时，被爱冲昏头脑的你不会细察，如果对方家里真的有钱，那么，他还会到处漂泊吗？这样的男人说谎的原因可谓是多种多样，等到你识破其谎言之后，他会为自己辩解："我这样骗你，是因为太爱你，担心你会因此而离开我。"其实，这些都是谎言，他所有的目的不过是欺骗你的感情。真心对你付出的人，会坦白他的过去，不会故意隐瞒。

有的男人明明平庸无比，逢人却说"我想创业"、"如果我来当经理，肯定会更好"，自命不凡，他们对自己的前程通常抱有不切实际的想法。但是，现实生活就是这样，他依然拿着一个月两三千的工资，租着陈年的旧房子，对这样的现实窘迫，他却不采取有效的方法来改变。有时候，他们不屑于去工作，但是，自己所挣的钱却不够自己花。

识破你身边的小人

在日常生活中，不乏小人的存在，他们偶尔也会在我们身边出现，给我们带来一些麻烦，但是我们却不能轻易地发现。其实，那些越是奸诈的人就越善于伪装自己，他们用善良伪装邪恶，用贤德伪装奸诈。他们在表面上对你相当和善，但是背着你却猛说你坏话，甚至使计策坏你的好事，我们对这样的人简直是防不胜防，但是也毫无办法。实际上，虽说小人掩饰的功夫相当到位，但是依然会免不了与常人不一样，他们在很多时候，会透过一些表情泄漏出心中的秘密。只要我们仔细观察，就会发现我们身边的小人，这样就能够及时地采取远离或逃避措施，以防上当受骗。

李先生是一家小公司的业务经理，他平时的工作就是管理业务部下面的十几个人以及一些业务上的来往。最近公司新来了一个员工小王，小王是个看起来挺老实的年轻人，对人也是彬彬有礼，客气有加，更难能可贵的一点，就是他平时工作很认真，几乎没有出现过任何差错。所以，他来公司上班了一个月，就深得李经理的喜欢，李经理还准备把他提升起来做业务助理。正在这时候，却出现了一件意想不到的事情。

有一次，因为李经理的疏忽，一下子造成了两个大业务的直接流失，总经理为此大为恼火。李经理一方面作了深刻的反思，另一方面也对失去的客户进行了最大限度的挽留。那些天，整个业务部都弥漫着一种落寞的气息，李经理整天为工作的事情焦头烂额。但就是在这个极为关键的时刻，李经理却偶然通过朋友的嘴里听到了小王背着自己在总经理面前说了不少的话。其中包括了对李经理平时工作的恶劣评价，还唆使总经理把李经理辞退掉。

当李经理得知这些消息的时候，他不禁有些惊讶，不断地说："没有想到小王是那种人。"他再慢慢通过回忆与小王交往的过程，才发现其实小王平时就有一些不太正常的表现。比如，小王从来都是对自己彬彬有礼，哪怕是自己

语气相当愤怒的时候，小王也总是满脸笑容地看着自己。想到这里，李经理不禁有些头皮发麻。

其实，小人特别善于用一些表情来掩饰自己，比如说话时目光闪烁不定，回避你的眼神；或是脸上长时间保持微笑，而你们的谈话并没有特别引人发笑的内容；说话时没有多余的小动作，眼角却习惯性地向左扬起，斜眼看人，目光冷酷犀利，笑里藏刀等。

谨防某些人的糖衣炮弹

很多人喜欢使用“糖衣炮弹”的伎俩，他们平时对你恭维有加，有什么好处都会分一羹，还会经常给你一点小恩小惠，让你尝到甜头。从表面上看，我们似乎是遇到了一位慷慨大方、乐于助人的朋友。但是，如果你仔细观察对方，你就会发现这不过是他亲近你的一种手段，一种伎俩。假如你真的遇到什么极其困难的事情，他一定会躲得远远的，唯恐殃及于他。而且，他还很有可能当着你的面，与你关系要好，但是背着你的面，却开始说你的坏话，在上司面前说你的缺点，在同事面前讨论你的是非。而当你意识到对方的真实面目时，为时已晚。所以，我们在与人交往时要谨防这些小人们的“糖衣炮弹”，因为很可能甜头之后就是灾难和痛苦。

小万和小唐都是即将毕业的大学生，她们一起进公司，一起参加公司的培训，所以当她们正式成为员工的时候，已经是一对形影不离的好朋友了。

进公司第一个月，两人都在同一起跑线上，所以无论是上班下班，两人都一起，遇到工作上的困难问题，也会一起商量着解决。可是，当第二个月来的时候，小万的工作业绩就直线上升，这主要是与她平时的勤奋努力分不开的。而小唐虽然天资聪慧，但是她经常在下班之余就外出与男朋友约会，所以即使

在上班的时候竭尽全力，也只显得业绩平平。小唐看着越来越受主管重视的小万，心里就不是滋味，但表面上还是对小万十分殷勤，经常为她带夜宵回来，还送给她一些小礼物。

有一次，公司来了一个大客户，老板就把写企划案的活儿交给小万和小唐，并且表示谁的企划案受到了欢迎谁就马上晋升为助理。这无疑是把一对好朋友拉到了竞争对手的位置，小万全身心地投入撰写企划案的工作中，而小唐却因为心里愤愤不平，一直没有心思工作。但是，她却对废寝忘食工作的小万照顾得很好，几乎包揽了家里所有的家务活，还给小万每天准备好吃。小万相当感动，有时候也与小唐一起讨论企划案的相关事宜。

终于到交企划案的日子了，出乎意料的是小唐居然先交上自己的企划案。等到小万把自己的企划案交给主管，主管叫住了小万："小万，我看了你的企划案，写得不错，但是我不明白的一点是你的企划案构思与小唐的一模一样。本来我挺看好你的实力的，可不知道你为什么出现这样违背原则性的错误？"小万立即惊呆了，却又不知道怎么解释，想到与自己每天相处的小唐，她的心开始凉了。

小唐正是通过自己平时给小万很多好处，来迷惑小万，而自己则窃取了小万辛辛苦苦构思的企划案。其实，在我们的工作中，也不乏这样的人存在，他们总是表面上给你尝一些小甜头，但背地里却做出一些对你不利的事情。

通常来说，那些小人都把自己隐藏得很深，他们表面上看起来像好人，实际心中却是另有所图。那么，如何来谨防那些小人的"糖衣炮弹"呢？

1.克制自己的贪欲

其实，这个世界上最无法满足的就是人们的欲望。特别是那些不用自己付出什么就能得到好处的事情，这是每一个人都无法抗拒的。而小人正是了解了人们的这一心理，所以他们会在不涉及太多金钱财物的情况下，给你一些小甜头，而这时候绝大多数的人都不可能拒绝。当你那种喜欢贪人家小便宜的欲望得到了满足，其实也就是小人开始计策的开始。所以，为了谨防小人的"甜头"之后带来的灾难，就必须先克制自己的贪欲。一定要明白，这个世界并不

存在这所谓的“天上掉馅饼的事情”，也不要企望有人会给人什么好处。只有自己心中无贪念，才不会上小人的当，也才能够使小人对你无可奈何。

2.学会拒绝一些好处

除了克制住自己的贪念，还要学会拒绝。有的人善于使用“糖衣炮弹”的计策，即便是你已经明确地进行婉拒了，但是对方依然会“锲而不舍”地对你更加的“友好”。这就犹如男人在对自己心仪的女人不断地纠缠一样，所以，你在面对他接连不断的“糖衣炮弹”的袭击时，就更应该做出直接的拒绝。当然，拒绝也是需要讲究技巧的，不仅不能伤了双方的和气，还要让人觉得你的理由是恰当的。比如，对方常常在下班之后对你提出一起吃饭的邀请，那么你就可以委婉地说：“实在抱歉，我已经和别人有约了”或者“今天感觉有点累，要不改天我做东，请你吃饭。”这样就会感觉你是真的有事，或者真的累了，他自然也不会强求下去。

3.谨防随之而来的麻烦

有的人显得没有心眼，对于别人的好意不好意思拒绝，就愉快地接受了。那么，在你接受了对方的恩惠之后，就要时刻警惕随之而来的麻烦。如果恰逢是你即将晋升的机会，或者是你有了一个很好的工作构思而对方没有，面对这种关键时刻的时候，你要千万避免与他进行过于频繁的交往，也不要把自己的情况过多地透露给对方，与他保持一定的距离。至于那些他给你的好处，你可以选择置之不理，如果你实在是良心过意不去，也可以以同样的方式反赠于他。

谨防“暗箭伤人”

我们在日常生活中，所面对的常常不是“坦荡荡”、“助人为乐”的君子，而是“常戚戚”的小人。小人一般善于用很多表情来掩饰自己，也善于把自己隐藏在暗处，他们常常怀着不可告人的目的接近你，亲近你，而当你对他产生好感、付出真诚的时候，他就会暗中使计策害你于无准备之中。俗话说：“明枪易躲，暗箭难防。”如果面对别人直接、正面的恶意挑衅，我们可能还有些准备，受伤害的机会也会变得很小；但是如果面对的是那些善于伪装的小人，那就毫无准备，甚至还有可能出现“把你卖了你还帮着数钱”这样的情况。如果想避免受小人之苦，就需要我们在现实生活中，提高自己的警惕心理，小心提防。

我们为了生存，为了工作，每天不得不与各种各样的人打交道，这样在社会中就免不了遇到形形色色的小人，甚至受到小人的欺负或者陷害。俗话说：“知人知面不知心。”你在与他人交往之前，谁也不知道他到底是君子还是小人。很多时候，我们都被那些善于伪装的小人的外表所迷惑，错把小人当作君子，甚至当作知心朋友，结果在我们无法预料时被“暗箭”所伤。所以，我们在平时的生活与工作中，必须时时提防小人，才能不至于处处被动，甚至“挨刀挨宰”。

春秋时，郑国的郑庄公得到鲁国和齐国的支持，计划讨伐许国。有一年夏天，郑庄公在宫前检阅部队，发派兵车。一位老将军颍叔考和一位青年将军公孙子都为了争夺兵车吵了起来。颍叔考是一员勇将，他不服老，拉起兵车转身就跑；公孙子都一向瞧不起谁，当然不愿相让，拔起长戟飞奔追去。等他追上大路，颍叔考早已不见人影了。这件事一直被公孙子都怀恨在心，他试图寻找机会进行报复。

到了秋天，郑庄公正式下令攻打许国。郑军逼近许国都城，攻城的时候，颍叔考奋勇当先，爬上了城头。公孙子都眼看颍叔考就要立下大功，心里更加忌妒起来，便抽出箭来对准颍叔考就是一箭，只见这位勇敢的老将军一个跟斗摔了下来。另一位将军瑕叔盈还以为颍叔考是被许国兵杀死的，连忙拾起大旗，指挥士兵继续战斗，终于把城攻破。郑军全部入了城，许国的国君许庄公逃亡到了卫国。许国的土地于是并入了郑国的版图。

像公孙子都这样趁人不备暗放冷箭的人，在我们现实生活中，也存在着不少，他们并不是以真的暗箭为凶器，而是采取一些不光明的手段暗地里伺机伤害他人。

在生活或工作中，我们通过多次与各种各样的人打交道，不难发现那些小人通常都有这样一些表现，比如喜欢在背后说人家闲话、喜欢随意挑拨离间别人之间的感情、喜欢刁难人、喜欢两面三刀，不守信用，常常当面答应你的事情，事后会寻找各种借口进行逃避，矢口否认。在我们工作中，也许每个人都遇到过一些小人的暗算或者带来的麻烦，他们总是喜欢给我们制造一些难堪的局面以达到他自己的目的。他们或者是在工作中处处刁难你，或者是在你背后大量传播你的私人信息，或者是在你即将晋升时给你带来一些恶劣影响，拖你后退。这样的小人常常无声无息地存在于我们周围，破坏我们愉悦的心情，致使我们的工作无法顺利开展下去，导致我们的职场生涯出现不必要的波折。如果你想在生活或工作中顺风顺水，那就一定要细心观察你身边的每一个人，特别防范那些无孔不入的小人。

那么，如何提防小人放出的“暗箭”呢？其实很多时候，这先需要我们自身做出改变。我们要严格克制自己，千万不能被小人一时的甜言蜜语所迷惑；我们要自己洁身自好，能够“出淤泥而不染”，千万不能让小人抓住我们的把柄。当然，为了工作我们不得不与那些小人相处，这时候就需要我们能够学会如何与小人相处，甚至还要学会如何驾驭小人。下面我们就来看看，如何来提防小人暗箭伤人？

1.千万不要被甜言蜜语所迷惑

其实每个人都喜欢听好话，这几乎是人的天性，不论是高官还是平民老百姓都免不了如此。而那些善于伪装的小人更是深谙此意，他们了解每个人的天性，于是投其所好地恭维他人，这是小人最大的特点，也是他们最擅长的伎俩。虽然，在很多时候我们经过了生活的不断历练，会对那些莫名的恭维有几分警惕，但是小人他们更懂得如何来取悦我们。他们的成功之处就在于能够制造出让你愉快接受的甜言蜜语，而且恰到好处地说到你的心窝里。当你面对那些溢美之词，你只能感叹：“知我者莫过于他矣。”

其实，当你面对那些能够让你开心的话语，你就要学会清楚地辨别谁是出于真心，谁是虚情假意。一般情况下，朋友是“忠言逆耳利于行”，他们会直接提出你的缺点和不足之处；而小人，则会迎合你的心理，专门说一些甜言蜜语讨你欢心。俗话说，“无事献殷勤，非奸即盗”，当你发现身边有人莫名其妙地对你说好话，你就要开始警惕了，尽量克制自己因为兴奋而作出错误判断，尽量保持清醒的大脑，千万不要因为几句甜言蜜语就开始晕头转向，被小人所蒙骗。

2.洁身自好

小人还有一个特别厉害的伎俩，那就是企图从你身上找出“污点”，他们总是想法设法地从你的言行举止中寻找可以打击你的“污点”，然后对其进行无限放大，再通过打小报告或者告黑状的方式来对你进行毁灭性打击，最终让你有口难辩。俗话说，“身正不怕影子斜。”其实，对付这样的小人的根本办法，就是洁身自好，使自己能够“出淤泥而不染”，让小人抓不到你的小辫子、拿不到你的把柄。如果我们面对多么极具诱惑力的工作，都坚持原则，胸襟坦荡，正直无私，做事也光明磊落，这样就会在上司和同事面前建立了牢不可破的信任度，即便是小人用尽了各种手段，在铁证的事实面前也都无法撼动别人对你的信任。

3.学会与小人相处

我们常常为了工作的需要，不得不与小人打交道。有时候，我们已经辨别出了他就是一个小人，但是却一点办法也没有，为了工作依然有来往。因此，我们要学会与小人相处，并且能够和谐地相处，千万不要激怒小人。我们在与小人相处的时候，一定要讲究方法和技巧：如果你面对的是喜欢打听别人的隐私的人，那你就要回避对方的正面问题而采用“答非所问”的技巧；如果你遇到的是喋喋不休的人，那你就需要在谈话过程中巧妙地中断对方的话题；如果你遇到的是满口谎言的人，那你就要敬而远之，尽量与其拉开距离，不遭对方欺骗。

4.学会驾驭小人

我们就不仅仅是要学会与小人相处，更要学会驾驭小人，学会利用小人来做好工作。俗话说，“近朱者赤，近墨者黑。”每个人都会随着环境因素的变化而变化，小人也一样。我们可以在生活或工作中，通过自己的言传身教来影响小人的行为，使之向好的方面转化，甚至用自己的一身正气遏制小人的反作用力发挥。当然，更好地驾驭小人，那就是要有效地控制他们，使他们发挥不了他们的能耐，使不出他们的伎俩。而最佳的办法，就是顺势引导他们把精力转移到工作上来，可能忙碌的工作会逐渐代替他们阴暗的心理。

第15章 多重思考，女人做事三思而后行

曾国藩说："凡行公事，须深谋远虑。"从古至今，凡成大事者，无论帝王还是英雄，往往都是深谋远虑之人。因为慎重思考，巧妙筹划，才得以顾全大局。心中有谋算，迎战时才会有胜算，这一点是值得我们每一个人学习的。

做事之前需要想到后面几步

在生活中，老人常常说："做事之前就要想到后面四步。"其实，向前每走一步，我们都需要相应对的方法，如果不能看得那么远，至少我们需要看见一步。做事情，不仅需要稳当、周全，而且，还需不急于求成，不能只顾眼前利益。一个成大事的人，眼光总是比身边的人看得稍远一点。许多人之所以会不断地失败，那是因为只看到了眼前的利益，做事不彻底，往往做到离成功尚差一步就停止不做了，自然，他们也就与成功失之交臂。对于现实生活中的女人来说，在做每一件事情时更需要有长远的眼光，不为眼前利益蒙蔽，而关注长远的根本利益，宁愿舍小利而保大局。但是，在现实生活中，偏偏有的人鼠目寸光，吃不得眼前亏，心胸狭隘，容不得一点损失，最终，他们难以成就大事。

在现实生活中，小到一个职员，大到一家公司，都需要有长远的打算，如果你只着眼于眼前的小恩小惠，那么，迟早有一天你将被利益所吞噬，职场生涯同时也宣告结束。其实，上班也是一件大事，而对于这样一件事情也需要我们的谋算，将自己的眼光放得更长一些，不为眼前的利益所动，这样，我们的职场之路才会走得更远。

最近，公司打算提拔一批年轻人进入管理层，对此，作为公司年轻有为的小李兴奋不已。机会终于来了，煎熬的日子总算是过去了。小李其实在很久以前就瞄到了这个机会，当时，经理就话里有话："以后发展的机会多得是，不久以后，我们就有一次大的人事调动。"这么久以来，他都是不为任何职位所动，就等待着这一天。

原来，早在6个月以前，公司就进行了部门内部的人事调整，当时，作为刚刚进入公司不久的小李满怀兴奋，希望借此机会能够翻身。谁料想，整个部门十几个人，就为了部门经理这一个位置，每个人都报了名。小李当时就泄气了，自己还去不去争取呢？如果去争取吧，自己又是一个新人，估计成功率很小；如果不去争取吧，又怕错失了这个机会。

正在小李思考的时候，坐在旁边的经理说道："年轻人，我挺欣赏你的，不过，这一次，我奉劝你还是静止不动，你去争取根本没有多大的胜算，首先，你的资历还不够，工作经验都没有，怎么有资格去争取；其次，你还年轻，后面的机会还多得是，以后我们公司还会进行大的人事调动，到那时候，你已经羽翼渐丰，更可以赢得最好的职位。"小李听了，顿时醒悟。

果然，经过了六个月的历练，小李在公司已小有名气，再凭着他在工作上优秀的表现，在这次人事变动中，小李轻轻松松就坐上了销售总监的位置。

著名的美孚公司曾做了一次赔本买卖，可是，从最后的结果来看，它虽然放弃了眼前的利益却收获了长远的利益，小利变大利、利滚利、利翻利，先前看似赔本的"买卖"，最终却收获了高额的利润。这是一种商业计谋，也是每一个人需要的智慧。在工作中，之所以需要我们放弃眼前的利益，其实是为了以后更长远的发展，寻找更长远的利益。我们更需要学习这其中蕴含的智慧，

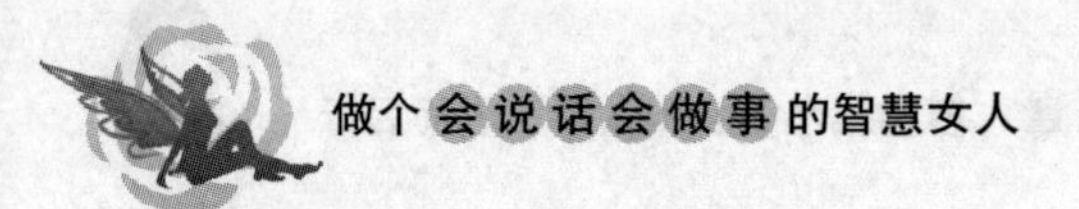

做一个有远见的人，这样，我们才会在职场之路走得更远。

1.是否有利

不管做什么事情，都需要考虑有没有利？有利，则为；无利，为止。当然，这里的利益，指的不仅仅是自己，也包括别人的和大家的利益。只要看准了的有利益的事情，尤其是对别人和大家都有利益的事情，那就一定要做，而且一定要做得好。

2.是否有弊

不管做什么事情，都要思考是否有弊？有弊的事情，就不做；没有弊的事情，才可以做。同样的道理，这个弊不仅仅是指的是自己，也包括别人的和大家的。只要看准了，有弊的事情，特别是对别人和大家都有弊的事情，就不做，而且一定坚决不做。

3.权衡利弊

不管做什么事情，都要对利和弊进行分析和比较，权衡利弊。做一件事情要看，是利大还是弊大？是利多还是弊多？凡利大的事情、利多的事情、弊小的事情、弊少的事情，就做；相反，凡弊大的事情、弊多的事情、利小的事情、利少的事情，就不做。尤其是对别人和大家弊大的、利小的、弊多的、利少的事情，一是坚决不去做，二是非要做不可的，也要慎重考虑之后再去做。

小心驶得万年船

俗话说：“小心驶得万年船。”智慧处理事情需要细心，冷静的研究，凡事多想一步，安全就会长久一点。尤其越是混乱的时候，越需要注意这一点。俗话说，“三思而后行”，做任何一件事情，都需要仔细考虑。在现代生活中，许多人做事风风火火，全凭着一股劲儿，做事从来不动脑子，这样的人虽

然做事速度很快，但也却常常为冲动买单。

《三国演义》里，“马谡失街亭”的故事几乎家喻户晓。

当时，诸葛亮亲自率领着大军，向西路扑向祁山，由于魏国毫无防备，守在祁山的蜀军纷纷败退。刚刚即位的魏明帝曹叡立即派张颌带领5万人马赶到祁山去抵抗，并亲自去长安督战。

马谡一直是诸葛亮信任的人，不过，刘备在去世时却看出马谡这个人不太踏实，他特意嘱咐诸葛亮：“马谡这个人言过其实，不能派他干大事，还得好好考察一下。”不过，诸葛亮并没有将这番嘱咐放在心上，这一次，他派马谡当先锋，守街亭。马谡当即带着副将王平来到了街亭，他对王平说：“这一带地形险要，街亭旁边有座山，正好在山上扎营，布置埋伏。”王平提醒说：“丞相临走的时候嘱咐过，要坚守城池，稳扎营垒，在山上扎营太冒险。”马谡却不假思索地拒绝了，根本不听王平的劝告。

没想到，这一不经思考的决定真的带来了恶果，街亭失守了，马谡虽然侥幸逃脱，但是，他最终难免处罚，诸葛亮自叹“用人不当”，只好挥泪斩马谡。

在这里，无论是诸葛亮还是马谡，都缺少了那么一点细心，最终酿成了大错。在职场中，当我们决定要去做一件事情的时候，需要思考这件事值得不值得去做，做了对自己有什么好处或后果。同时，还需要考虑事情的下一步会发生什么，以做出更有利的选择。

有一次，曾国藩坐着轿子正要出门，没想，听到帘子外有人叫自己的乳名：“宽一！”他连忙叫轿夫停轿，看到来人他又惊又喜：“这不是干爹？您老人家怎么到了这里？”说完，赶忙将干爹迎到了家中。

面对远道而来的干爹，曾国藩不住地问家乡的情况，可是，干爹却是满腹委屈，他找了个机会把自己在家乡受到知府大人不平的遭遇一一告诉了干儿媳，儿媳妇安慰他说：“不要担心，除非他的官比你干儿子大。”老人家听了，悬着的心放下了一半。

过了几天，夫人特意说起了干爹的事情，她劝曾国藩：“你就给干爹写个条子到衡州吧。”曾国藩大声叹气：“这怎么行呢？我不是多次给澄弟写信让他们不要干预地方官的公事吗？如今自己倒在几千里外干预了起来，岂不是自己打自己嘴巴？”夫人说：“可干爹是个老实本分的人，你总不能看老实人被欺负，你得为他主持公道啊！”曾国藩思考了片刻，说道：“好！让我再想想。”

第二天，曾国藩接到了奉谕升官，顿时，许多达官显贵都来庆贺，曾国藩将干爹迎到了上座，向大家介绍了他。这时，曾国藩拿出了一把折扇，说道：“干爹执意要返回家乡，我准备送干爹一份小礼物，列位看得起的话，也请在扇上留下宝墨，以作纪念。”文武官员一听，都争相留名，不一会儿，折扇两面都写满了名字。干爹带着这把折扇回到了家乡，知府大人一看，气焰顿时矮了半截。

虽然，曾国藩官运亨通，但是，他从来不以此为傲，平日里，他常常告诫家里人要内敛，不可嚣张。这次，干爹有一些事情求助于他，并且确实是冤屈的事情，如果不帮于情于理都说不过去，但是，如直接出面帮助，难免会落人口实。因此，面对诸如此类的事情，曾国藩总是小心行事，什么时候都多想一步，既帮助了别人，同时，又保全了自己。

在曾国藩帮助干爹这件事中，折扇虽然小，但是，他却谨慎行事，巧妙借他人之力达成了自己的目的，这其中有智慧，更多的是细心。曾国藩为官那么多年，深知官场的险恶，即使是一件小事，他也会谨慎处理，多想一步，安全就会多一点，越是困境的时候，越需要注意这一点。在现代生活中，任何时候，我们都需要谨慎行事，稍有不慎，就会摔一个大跟头，到时候就难以东山再起了。

女人做事眼光要长远

生命就像一叶扁舟，载不动太多的物欲和虚荣，如果不想生命之舟搁浅

或沉没，我们就要学会退一步，用高远的眼光看清人与事。在印度热带丛林中，当地居民是这样捕捉猴子的：在一个固定的小木盒子里面装上了坚果，再把盒子打开一个小口，刚好够猴子的前爪伸进去。猴子为了取得盒子里的食物，抓住坚果，爪子就抽不出来了。人们用这样的方式来捕捉猴子，几乎每一次都能获得成功，因为猴子有个习性，不肯放下已经到手的东西。也许，看了这个故事，我们会嘲笑猴子的愚笨，但事实上，生活中的我们有时候也跟猴子一样，总是不肯退步，担心失去，所以，最终承受了那些本不该承受的痛苦。

杰克和麦克是好朋友，他们俩从小就喜欢画画，常常拿着笔在墙上、报纸上涂画着五颜六色。后来，在自己的要求下，父母把他们送到了美术班里学习。长大后的他们更加喜欢绘画了，高考那年，杰克和麦克费了口舌说服了父母，让自己报考美术学院。在大学里，杰克和麦克经常在一起谈论着未来，描画着自己的蓝图，他们坚信自己会坚持下去，通过画画挣钱来让身边的人幸福。

大学毕业后，杰克和麦克开始找工作了。他们整天奔波于各家报社，希望能够成为报社的一名美术编辑，可是，各家报社的总编都以种种理由拒绝了他们的求职申请。在多次碰壁之后，杰克绝望了，本来希望通过自己的一技之长给妈妈以幸福的生活，却发现社会根本没有自己的容身之地，养活自己已经很困难了。而麦克却咬牙说："我一定要坚持画画，绘画是我生命不可缺少的一部分。"他毅然放弃了找工作，把自己关在家里，没日没夜地画着。在现实的残酷打击下，杰克开始愈加颓废了，妈妈心疼地说："你既然那么喜欢画画，不如自己开一间画室吧。"杰克听了，觉得心里很难受，当初是想通过找份工作继续自己的绘画创作，现在却需要自己的这份才华去养家糊口。

但是，思索了很久，杰克决定了自己开一间画室，他跑去与麦克商量，却被麦克骂走了，麦克说："绘画挣钱？你这是在亵渎艺术。"于是，杰克单枪匹马开始了创业，他在亲戚朋友间借了十几万，再加上妈妈的积蓄，开了一间属于自己的画室，既教小朋友画画，又出售自己的作品。几年之后，杰克的画室成为了这个城市有名的美术培训学校，他不仅还请了所有的欠债，还拥有了自己的房子、车子和存折上不小的数字，当初给妈妈许下的承诺也实现了。而麦克依然整天窝在家里画画，不过，由于麦克没有名气，所有的画都卖不出去，成为了一个穷困潦倒的画家。杰克每天教画之余，用心地钻研自己的作品，也逐渐提高了自己的绘画水平，在美术界里，也成了小有名气的画家。

面临人生的困境，麦克坚持继续画画来作为自己的事业，不肯退一步，最后，他成为了一个潦倒的画家。而杰克在妈妈的建议下，果断放弃继续画画，而开了一间属于自己的画室，一边教小朋友画画，一边绘画自己的作品，最后，他获得了成功，兑现了自己当初的诺言，同时，成就了自己的梦想，成为了小有名气的画家。相比较，谁的选择更完美呢？面对人生的困境或挫折，我们要选择退却一步，这样才能以长远的目光着眼于未来，也才有可能获得成功。

当我们无法前进的时候，退一步也是一种智慧。有时候，当我们以长远的目光去看待这些事情的时候，当前的困难就成为了局部。这与“人生不仅需要运动，还需要停止”是相通的。在通往成功的路上，若是不顾头破血流地一意孤行，最后我们可能什么都不能得到；但是，如果我们能够停下来，或者退后一步，我们会看清前方的景色，也更容易获得最后的成功。

1. 退一步不代表懦弱

退一步，并不是懦弱的表现，而是一种智慧的策略。有时候，看似退了一步，实则向前进了一步，这才是得与失最智慧的所在。当我们向后退了一步，我们才会重新看清一些东西，或许，你注意到，有的人因负荷太重而步履维艰，有的人因欲壑难填而疲于奔命，有的人因深陷其中而难以自拔。如果我们想踏上轻松的人生之旅，请学会退一步，或者停下来欣赏路边的风景，这样我们才能更有力量走完后面的路程。

2. 懂得为生命减速，实际上是增加能量

史学家范晔说：“天下皆知取之为取，而不知与之为取。”得与失是互相转化的结果，这句话似乎道出了所有的哲理。那些懂得其中玄机的人，他们会善于掌握得失的主动权，坦然地退一步，用长远的眼光看清自己的所得所失，这样，他们更容易获得自己想要的东西。这时候，退一步并不是放弃，而是一种新的获得。生命只有两种状态，运动和停止，只会向前猛冲，而不懂得退步或减速的人，在人生的某个弯道处，一定会冲出跑道，失去更多。

利用身边的朋友为未来铺路

在办公室，我们经常听到这样的声音：“小王真有本事，才来公司两个月，不论是老板，还是同事都成为了他的朋友，有着这样良好的人际关系，职场之路还愁什么啊！”、“小李更不得了，他爸爸与我们公司老总是老同学，唉，难道这就是传说中的人脉资源么？”、“是啊，小梁虽然没有关系，但是，家里有钱，今天为公司投资这个生意，明天为公司筹资做买卖，我看，很快他就不再是公司的员工而是合伙人了。”、“唉，只剩下我们这些可怜的，没有任何资源，怎么能为自己铺好路嘛。”不知道在什么时候，资源已经成为了我们口中频频提到的词语，有人更是宣言：“要用尽手中可用的一切资源，为今后的职场之路铺好道路。”是的，如今的职场可谓是风云变幻，汹涌暗生，如果仅仅依靠自己的力量，很难说能走得了多远。但是，如果能凭借着手中的资源，建构一定的人际关系，为今后铺好道路，那么，职场之路将会走得更加顺畅，自然也会走得更远了。

朱艳艳是上海视点公关公司的总经理，她所建立的人脉网络极其丰富，除了拥有众多的媒体朋友，世界500强公司如联合利华、三菱电机、通过磨坊都是她的客户，她是怎么做到的呢？

朱艳艳在23岁的时候，已经是兰生大酒店的公关部经理了，当时的她几乎每天都是在忙碌中度过的，她们需要把中国文化介绍给外国客人，在圣诞节的时候举办餐会，举办各种新闻发布会，工作的跨度比较大，从举办各类宴会到媒体联络，几年的历练使她建立了一张无所不包的关系网。她拥有一大帮记者编辑朋友，娱乐、经济、体育记者一应俱全，还有主持人、明星以及政府部门上上下下的工作人员，这无疑就成为了她人生中的第一桶“金”，那就是人脉的无形资产。

1997年底，惠而浦与上海一家公关公司的合约即将到期，她的一位在惠而浦工作的老板引见了她，最终获得了这家公司的公关代理权；凭着2001年一手策划的“奥妙新妈妈大赛”，她成为首位获得国际“金鹅毛笔奖”的中国公关人。

朱艳艳的经历告诉我们，你的成功关键不仅在于你是否有强大的能力，更在于你认识谁。那些在生活中积累下来的人脉资源，就如同一张人脉存折，会成为你事业成功的基石，也会成为你人生中一笔不可多得的财富。

阎焱，软银亚洲信息基础投资基金首席执行官，他于1982年毕业于南京航空学院飞机系，1986年获北京大学社会及经济学硕士学位，1987年获美国普林斯顿大学国际政治经济学博士学位，1996年获工商管理硕士学位。

作为软银赛富基金首席合伙人，他之所以能赴美留学，就是因为他就读北大研究生时一个外籍老师——来自美国普林斯顿大学的访问学者Roger Michiner。Roger Michiner很欣赏阎焱，两人经常一起聊天，有一次他主动说：“你应该去美国读书，我可以帮你写推荐信。”

不久之后，阎焱通过托福考试，取得了美国普林斯顿大学录取通知书和四年全额奖学金后，乔治又在生活上给予了阎焱帮助。1986年8月，阎焱回忆说：“我到美国的第一天晚上，就住在乔治教授家里，他的家也在普林斯顿。乔治教授待我非常好，在普林斯顿，他仍然是我的专业教授。我毕业多年以后，他也离开了普林斯顿大学。我们的友谊一直到现在。”

这就是所谓的“人脉资源”，或许，你本身资历平平，但是，你有许多优秀的朋友，为此，你还担心什么呢？利用自己手中的人脉资源，为自己铺好路，这才是最大的智慧。刘备的才能算不上杰出，但是，他结识了张飞、关羽，拜谒了诸葛亮，最终成为三国时期的明主；洪秀全不过是科举不中的穷书生，通过拜上帝会结识了许多义士，翻身成为了太平天国的统帅。手中既然有了可以利用的资源，又何愁前面的路难走呢？

其实，经营人脉也就是结识朋友，最重要的贵在用心，千万不要抱着急于求成的期待，否则只会适得其反。人脉投资，很大程度上与养花有异曲同工之妙，都需要慢慢地浇水灌溉，细心呵护，耐心照顾，等到花季来临，自然有机会开花结果。所以，女性朋友在进行人脉投资的时候，不必太过着急，“心急吃不了热豆腐”，只要付出你的真心，耐心地等待，自然会有一定的收获。人脉投资其实就是为自己办张“存折卡”，定期或不定期地向里面储存资源，使自己在人生的路途中拥有享不尽的人脉财富。

圈子与位子之间是需要良性循环的，当你进了一个良好的圈子，自然会取得一个好位子。在我们日常生活中，经常听到有人哭诉：有着优秀的能力，高文凭的学历，可就是在单位内部没有人，所以只能做一个普通的职员；有了资金想创业，却没有人为你牵线搭桥，一点门路都没有。但有的人却因为认识了某位权贵，轻易就谋得了一个好职位；想加盟那个行业，马上就找到了合伙人。之所以会出现这样的差别，那就是因为所处的圈子不同，所以注定了所属的位子不同。所以，要想超越自己，就要有意识地扩大你的圈子，积累你的人脉资源，拓展你的交际范围，这样你才会在复杂的人际交往中如鱼得水、应对自如。

万事烂熟于心

俗话说："万事烂熟于心。"如果我们在做每一件事情之前，就将每一步、每一个细节记在心中，这样，每走一步，都不会影响整个大局。特别是对于工作来说，尤为如此，或者说，在做一件事情之前，需要将之前所做的类似事情联想一遍，仔细揣摩其中的经验教训，这样，我们着手开始做事的时候，每走一步都是稳健的。生活中，女人在做某些事情的时候，一定要将所有的事情盘算好，想一步走一步，万事烂熟于心，这样我们才能每一步都走得平稳。

晚清名臣曾国藩说过："古今亿万年，无有穷期。人生其同，数十寒暑，仅须臾尔！大地数万里，不可纪极，人在其中，寝处游思，昼仅一室耳！夜仅一榻耳！古人书籍，近人著述，浩如烟海，人生目光之所能及者，不过九牛之一毛耳！事变万端，美名百途，人生才力之所能办者，不过太仓一粟耳！知天之长，而吾所历者短，则遇忧患横逆之来，当少忍以待其定；知地之大，而吾所居者小，则遇荣利争夺之境，当推让以守其雌；知书籍之多，而吾所见者寡，则不敢以一得自喜，而当思择善而约守之；知事变之多，而吾所办之者少，则不敢以功名自矜，而当思举贤而共图之。夫如是则自私自满之见，可渐渐剔除矣！"

在平定太平天国运动的过程中，曾国藩父亲去世了，他决定回家守孝，前方传来清军的节节胜利。曾国藩思索："难道自己当初上折请求在家终制时，对全局形势的估计是完全错误的？太平天国之乱不可遽除，绿营兵不可复用，剿灭太平军之重任，非湘军莫属？"在深深的思索中，曾国藩坚信了自己的想法，同时，他已经想好了下一步需要做的，那就是在"忍耐"中等待时机。

第二次出山以后，曾国藩迎来了人生最辉煌的时刻。但是，听闻曾国荃攻破了天京，曾国藩身上却泛起阵阵寒意：他想到了历史中那些手握重兵、功高

震主的人都没有什么好下场，何况自己只是个汉人？于是，愁思良久的曾国藩主动要求裁撤湘军，让九弟曾国荃回老家养病。他有意谦让，将功劳拱手让给别人。

将历史烂熟于心，每走一步都要顾全大局，这就是深谋远虑的曾国藩。在其人生最辉煌的时刻，他以自己的韬略来了个急流勇退，让那场大火烧不到自己，巧妙地躲过了杀身之祸。

对于我们来说，无论是工作，还是与人相处，我们都应该仔细思量，既要着眼于全局，也要不放过细节。这样，每走一步，都是向前走了一大步。相反，如果你着眼于大局，而不考虑细节，稍有不慎就会毁了整个局面。

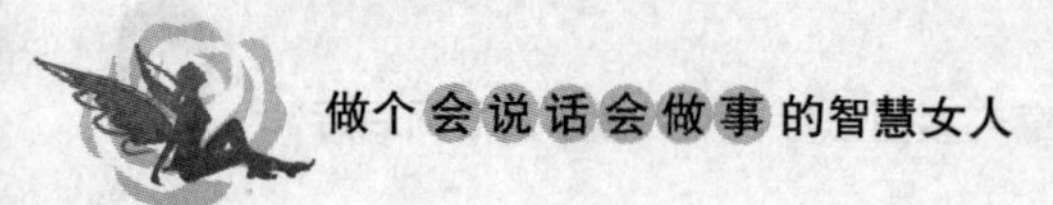

第16章 独辟蹊径，女人做事出奇制胜

俗话说："创新者生，墨守成规者死。"从古至今，这就是一个被无数事实证明了的道理，很多人不懂得这个规律，稍有成就就裹足不前，坐吃老本，不再创新，结果不要多久，就会落伍，被时代淘汰。创新，对于追求成功者的意义，如同新鲜的空气对于生命的意义。因此，我们要学会独辟蹊径，出其不意，方能制胜。

敢为人先，走在人前

那些思路开阔、有远见的人，往往可以想在人先，走在人前，而这恰恰是最能推动社会前进的正能量。在现今这个资讯时代，商机无处不在，许多白手起家的创业者，往往就是因为抓住了一个稍纵即逝的时机，从而开始了自己的"掘金"生涯。能致富的人，思路开阔，眼光敏锐。美国汽车大王亨利·福特有一次被别人问到，如果他失去了他的全部财富的话，他将做些什么事情。他连一秒钟都没有犹豫，他说他会找出另一种人类的基本需求，并迎合这种需求，他说他完全有把握、有信心在五年之内重新成为一个千万富翁。福特的话可以给我们一个全新的启示：真正敏锐的眼光，是看在潮流之先。

未来是现在的延伸，是现在人所创造出来的，所以每一个人都可以通过看

看现在大多数人在做什么，找出未来可能会有什么走向。只有这样才能引领未来。可以举个简单的例子，如果你能在20年前看得出个人电脑将会成为趋势，你现在就是世界首富了。

日本的“电子之父”松下幸之助，是一位富有智慧、善于洞察未来的成功人物，每当人们问及他成功的秘诀时，他总是淡淡一笑，说：“靠的是比别人稍微走得快了一点。”

第二次世界大战结束后，世界恢复了和平。遭受战争创伤的人民，在和平环境里又重新燃起了对生活和工作的热情。睿智的松下幸之助又“超前”地看到“新文明”将带来世界性的“家电热”。他在日本产业界率先进行了民主体制改革。体制上给予产业充分的自主权，建立了合理的劳资体制和劳资关系。经济上他改革了日本的低工资制，使职工工资水平超过欧洲，接近美国，并建立了职工退休金，使员工的物质利益得到保障。劳动制度上实现每周五天工作日，这在当时的日本还是第一家。

松下幸之助正是凭借着“稍微走得快了一点”，大刀阔斧地进行改革，从而使“松下电器”在新的挑战和机遇中得到了前所未有的发展。

要想走得比别人稍快一点，必须具有超前的眼光，看到别人暂时还没有看到的利益。这样你才能赶在别人前面出手，得到更多的收获。

多个角度看问题

人生之路本就是一条曲折之路，当我们被绊倒的时候，应多角度看问题，打开心灵的另一扇窗，以一种积极、乐观的态度去面对人生中的一切。半杯酒静静地在杯子中，来了个酒鬼，看了看摇摇头，说道：“嗨，只有半杯酒。”过了一会儿，又来了一个酒鬼，看到以后兴奋地说：“太好了，还有半杯

酒。”足见，不同的角度看问题，会让我们获得一种全然不同的心境。所以，学会多角度看问题吧，这样你会发现事情远没有想象中那么糟糕。

有四个小孩在山顶上玩耍，正玩得起劲的时候，突然，从山顶远处窜出来一个大狗熊。第一个小孩反应很快，拔腿就跑，一口气跑了好几百米，跑着跑着，他感到身后没有人，他回头一看，其他三个孩子都没有动，他大声喊道：“你们三个怎么还不跑呀，狗熊来了会吃人的？”

第二个小孩正在系鞋带，他回答说：“废话，谁不知道狗熊会吃人呀，别忘了狗熊最擅长的就是长跑，你短跑有什么用？我不用跑过狗熊，只需要跑过你就行了。”这会，他惊奇地问旁边的小孩：“你愣着做什么？”第三个小孩说：“你们跑吧，跑得越远越好，一会儿狗熊跑近我的时候，保持安全距离，我带着狗熊，到我爸爸的森林公园，白白给我爸爸带回一份固定资产。”说完，他忍不住问第四个小孩：“你怎么不跑啊，等死呀？”第四个小孩说：“你们瞎跑什么呀，老师说了在没有搞清楚问题的时候，不要乱作决策，不要乱判断，需要做市场调查，狗熊是不会轻易吃人的，你们看山那边有一群野猪，狗熊是奔着野猪去的，你们跑什么呀？”

面对“狗熊来了”同一件事，不同的小孩有不同的思维方式，而每一种思维方式都比前一种考虑得更周到。事实上，当我们试着多角度看问题的时候，你会发现狗熊并不是冲你来的，内心那些恐惧和忧虑是多余的，完全没有必要，生活依然是美好的，我们完全可以放下心中沉重的包袱。每一个人眼中都有一个与众不同的“小宇宙”，不同的人在各自的“小宇宙”中发现着不同的色彩，演绎着各自的人生。

卡耐基认为，在现实生活中，许多事情多个角度或者换个角度，你就有了不同的心情，不同的答案。多个角度看问题，我们要有推翻成见的勇气和别出心裁的智慧，即使在黑暗的峡谷，我们也会沿着光走出来，顿时之间，你会有一种豁然开朗的感觉。

英国曾举办了一次有奖征答活动，题目是这样的：在一只热气球上，载着三位关系着人类生存和命运的科学家：一位是环保专家，如果没有他，地球在

不久之后会变成一个到处散发着恶臭的垃圾场；一位是生物专家，他能使不毛之地变成良田，解决几亿人的生存问题；一位是国际事务调解专家，没有他的存在，各个军事大国的矛盾可能就会一触即发，地球将面临核战争的阴影之中。但是，不幸的是，三位专家所乘坐的热气球发生了故障，正在急速下坠，除非把其中一个人扔出去，也许还有可能脱离危险。问题是，该把谁扔下去呢？

到底该把谁扔下去呢：环保专家很重要，没有他人类将会灭亡；可是，生物专家解决的可是生存问题，没有了粮食人类就会饿死；而国际调解专家也很重要，如果发生了核战争，人类也将会灭亡。正当人们犹豫不决时，一个小男孩说出了正确的答案："把最胖的一个扔下去。"

有时候，我们凭着传统的思维来思考问题，常常会感到无所适从，如果我们都能像那个小男孩一样，跳出常规思维，多角度去思考和解决问题，用一种全然不同的思路和方法去解决问题，可能就会有豁然开朗的感觉。多角度看问题，我们常常会获得意外的惊喜。

懂得变通，不要让思维走进死胡同

当思维走进了死胡同，就需要进行思维变通。很多时候，思维变通会给我们带来很多惊喜，而这是正能量的开始。许多人利用思维的变通找到了成功的机会，相比之下，那些不善于变通的人，纵有一身本领，也会因为不懂得因时因地变通，而无法捕捉和把握稍纵即逝的机会，甚至机会向他迎面走来，他也会视而不见，让成功与自己擦肩而过。

一位优秀的商人杰克，有一天告诉他的儿子说："我已经看好了一个女孩子，我要你娶她。"儿子说："我自己要娶的新娘我自己会决定。"杰克说："但我说的这女孩可是比尔·盖茨的女儿喔。"儿子："哇！那这样的话……”在一个聚会中，杰克走向比尔·盖茨。杰克说：“我来帮你女儿介绍个好丈夫。”比尔说：“我女儿还没想嫁人呢。”杰克说：“但我说的这个年轻人可是世界银行的副总裁喔。”比尔：“哇！那这样的话……”接着，杰克去见世界银行的总裁，杰克说：“我想介绍一位年轻人来当贵行的副总裁。”总裁说：“我们已经有很多位副总裁了。”杰克说：“但我说的这年轻人可是比尔·盖茨的女婿喔。”总裁说：“哇！那这样的话……”

最后，杰克的儿子娶了比尔·盖茨的女儿，又当上世界银行的副总裁。这个故事看似不可思议，却是思维变通的结果。

很多情况下，外物是无法改变的，我们能变通的就是我们的思想。遇到困难时，让思维尽显其灵活和多变的本质，往往能引领自己得到更好的解决问题的方法。

柯特大饭店是美国加州的一家老牌饭店。饭店老板准备改建一个新式的电梯。他重金请来全国一流的建筑师和工程师，请他们一起商讨，该如何进行改建。

建筑师和工程师的经验都很丰富，他们讨论的结论是：饭店必须新换一台大电梯。为了安装好新电梯，饭店必须停止营业半年时间。“除了关闭饭店半年就没有别的办法了吗？”老板的眉头皱得很紧，“要知道，这样会造成很大的经济损失……”

“必须得这样，不可能有别的方案。”建筑师和工程师坚持说。就在这时候，饭店里的清洁工刚好在附近拖地，听到了他们的谈话，他马上直起腰，停止了工作。他望着忧心忡忡、神色犹豫的老板和那两位一脸自信的专家，突然开口说：“如果换上我，你们知道我会怎么来装这个电梯吗？”

工程师瞟了他一眼，不屑地说：“你能怎么做？”“我会直接在屋子外面装上电梯。”“多么好的方法啊！”工程师和建筑师听了，顿时诧异得说不出话来。很快，这家饭店就在屋外装设了一部新电梯，而这就是建筑史上的第一部观光电梯。

电梯只能安装在室内，却想不到电梯也可以安装在室外，工程师和建筑师

被专业常识束缚住了，而清洁工的脑子里没有那么多条条框框，思路很开阔，所以才会想出令专家们大跌眼镜的妙招。问题不在于他们的技术高低、学识多寡，而是突破不了常规的思维方式，不懂得变通。

独立思考，创意无价

当今社会是一个脑力制胜的年代，谁的想法更高明，更有效，谁就更容易提升自己的价值，获得财富的垂青。年轻人不应拜金，但对财富的追求与渴望，却不可消弱。这不仅仅是改善生活的需求，更是激发大脑潜能，调动大脑思维的最原始的动力。很多时候，一个点子，花费不多，却拥有点石成金的力量。灵活的头脑和卓越的思维为我们提供了这种本领，深入洞察每一个对象，就能在有限的空间，成就一番可观的事业。

因出产夏普牌电视机闻名的早川电机公司董事长早川德次，很小的时候双亲就去世了，他在小学二年级时，就去一家首饰加工店当童工。但早川并不自暴自弃：在这世界上没有疼爱我的双亲，也没有关心我的长辈，我的处境比任何人都悲惨，但只要我努力生活，就不会输给别人。

他进首饰加工店之后，每天所做的工作就是照顾小孩，烧饭，洗衣服以及搬运笨重的东西。这样年复一年过了4个春秋，有一次他鼓起勇气对老板说："老板，请您教我一些做首饰的手工好吗？"老板不但没答应，反而大骂道："小孩子，你能干什么呢？你喜欢学的话，自己去学好了！"

从那以后老板叫他帮忙工作时，他尽量用眼睛看，用心学，这样一切有关工作上的学识和技能，全部是靠自己偷偷学来的。

他的勤奋与努力没有白费。18岁他就发明了裤带用的金属夹子，22岁时发明了自动笔。他有了发明，老板便资助他开了一家小工厂。这种自动笔很受大众喜爱，风行一时。30岁时，在他赚到1000万日元以后，就把目标转向收音机界，设立平川电机公司。

每个人都有独立的思考能力，当你把这种能力转变为创意时，你的生活现状也许就会发生质的改变。商人说，创意无法标价，它实施后所创造的价值却是切切实实的。如果能用好创意，常常会达到事半功倍的效果。

其实，创意起源常常是有心人的灵机一动，不需要经过严谨的学术训练和精密的理论论证。创意人人都要有，但它更青睐于细心观察生活并随之跟进的人。卡耐基认为，创意是改变生活的加速器，它可以不是一件实实在在的产品，而是一种另辟蹊径的思维方式。思路决定财富并不是一句空话，如果有心要撬动财富的世界，改变自己的人生历程，创意就是你手中最有力的一根杠杆，它可以影响人生的成就和财富的流向。

不要让陈旧思想束缚创意的翅膀

陈旧的思想就好像负能量一样会阻碍我们前进的步伐。事实上，无论我们做什么事情，如果总是在别人用过的套路中打转转，那只会束缚自己的思维，这时你应该做的，就是跳出框框，别被固有的思想禁锢住。当经验在大脑里越积越多，甚至会形成一种思维定式的时候，人们总习惯用自己的价值标准和思维模式来评判事物，这就是所谓的“思想僵化”。

匈牙利人在20世纪40年代发明了圆珠笔，由于它易于书写和便于携带，所以一经问世便风行全球。可好景不长，这种圆珠笔在使用一段时间后就会出现漏油的毛病，会弄脏纸张及衣袋。

对此，圆珠笔发明者及很多研究圆珠笔的人对漏油问题都进行了深入的研究，他们都发现毛病出在笔珠书写时受到磨损，墨油就跟随磨损部位漏出来。

他们将注意力一直停留在笔珠的研究上，拼命提高笔珠的耐磨性。但当他们把笔珠的耐磨性改善后，笔珠与笔杆接触的耐磨问题又冒出来了。

而日本人中田藤三郎却发现了问题中的奥秘。在他看来，圆珠笔是个很有发展前途的商品，假如能改进它的漏油问题，将会获得比圆珠笔的发明者更多的财富。他仔细分析了圆珠笔的结构及出毛病的原因，也总结了许多人对改进漏油问题的失败经验，最后，他采取逆向思维，终于获得了防止圆珠笔漏油的方法。

他的方法很简单：通过反复试验，统计当圆珠笔写到多少字后就会漏油，在掌握这个数量的基础上，他着手把笔芯的装油量减少。让笔芯里的油在笔球磨损前用完，这样，再也无油可漏了。笔芯的油用完了，可换支笔芯，圆珠笔可继续使用。

在解决圆珠笔漏油的问题上，中田藤三郎并没有被固有思想的框框套住，而是逆向思维，巧妙地解决了难题。成功者说："财富是想出来的"。其实，一个人要想成功，不仅仅要养成思考的好习惯，还需要不断地创新思想，开阔思路，扩展思维，这样，你才能更大限度地获取有益的信息，从而促成自己获得辉煌的成就。

1. 学会改变思想

上帝在关上一扇门的同时，会为你打开另一扇门。当我们过着熟悉的生活的时候，总是害怕会被改变，但是，许多灾难、横祸是无法阻挡的，唯有改变的是我们的思想，以及我们的内心的胆怯。不要去在乎自己失去了什么，哪怕是工作、房子、信用卡，无论我们的生活发生了怎么样的巨变，我们都可以从头开始自己的人生，甚至，你会重新登上新的高度。

2. 拥抱新思想

新思想是击破思维定式的有效武器，无论是在思考的开始，还是在其他某个环节上，当我们的思考活动遭遇了障碍，陷入了某种困境，难以再继续下去的时候，你需要思考一下：自己的头脑中是否有了固有思想在起束缚作用，自己是否被某种思维定式捆住了手脚？

培养创新思维，保持好奇心

从古到今，不管是国家繁荣，民族兴旺，还是个人的成功，无不是与创新思维有着密不可分的关系。简单地说，创新就是创造革新，这与墨守成规和因循守旧相对立。一个人若是想成大事，首先就一定要在思维上达到这样的一种程度，用新思维突破常规观念，超越自己的过去，超越他人。

爱迪生这一生的创造发明有两千多项，是明创造最多的科学家之一。这与他的好奇、爱思考有着密切的关系。在他小时候，他看到母鸡孵小鸡也感到非常好奇，到处向别人请教这是什么原理。当他听到蛋是以体温化的，他竟好奇地做了一次实验：在邻居的仓库里做了一个窝，在窝里放了几只鸡蛋，自己趴上去孵，一连孵了好长的一段时间，成为一个大笑话。许多人都笑他是一个傻瓜。但这种好奇的天性便是科学发明最重要的因素。

不要因为天天发生就司空见惯，不要因为普遍存在就熟视无睹。让我们永远带着好奇的眼光去看事情，永远保持好奇的心理去对待社会，或许我们会从中找到成功的道路。

麦克·莱特是吉利卡片公司的老板，同时也是加拿大最年轻的企业家之一。在他6岁的时候，某次参观完博物馆之后，就开始打算画几幅画来卖钱。对此，他母亲建议他把画印在卡片上出售。后来，莱特在母亲的陪伴下，挨家挨户去敲门，然后简单地说出自己的来意：“嗨，我是麦克·莱特，我只是打扰一下，我画了一些卡片，请买几张好吗？这里有很多张，请挑选你喜欢的、随便给多少钱都行。”莱特的卡片是手工绘在粉红色、绿色或白色的纸上，上面有一年四季的风景。他每周工作六七个小时，平均每张卖7毛钱，一小时可以卖25张。

过了一段时间，莱特就发现自己需要帮手，他请了10位员工，大都是小画家。他付给他们的费用是每张原作2角5分，后来因为把业务扩展到了邮购，因此莱特越来越忙碌。第一年做生意，莱特已经成为了媒体上的名人，他上过很

多著名的新闻媒体，他的名字基本上是家喻户晓。

通常所说的创造力，就是可以想出新的方法、点子来处理一切我们所面对的问题的能力。不过，创造力和创造性思维，在过去总被认为只有从事科学、技术、艺术等专业工作的人才具有。确实，科学、艺术等工作是十分需要创造力的，不过创造性思维，不限于某种特定工作范围，不仅仅是从事某种特定的工作的人才具有的。

哈姆威原来是一名糕点小贩，1904年在美国路易斯安那州举行的世界博览会期间，他被允许在会场外面出售甜脆薄饼。当时，在他旁边的是一位卖冰淇淋的小贩。烈日炎炎，冰淇淋卖得很快，不一会儿盛冰淇淋的小碟便不够用。忙乱之际，哈姆威把自己的热煎薄饼卷成锥形，来当做小碟使用。结果冷的冰淇淋和热的薄饼巧妙地结合在一起，受到了出乎意料的欢迎，被誉为“世界博览会的真正明星”，获得了前所未有的成功，这种产品就是今天的蛋卷冰淇淋。

1.保持好奇心

爱因斯坦曾说：“我没有特殊的天赋，我只有强烈的好奇心。”同时他还告诉别人说：谁要是体验不到好奇心，谁要是不再有好奇心，那么他的眼睛是模糊不清的。可以这样说，好奇心就好像是探照灯的光柱，它永远有探索的光芒投向成功的目标。对那些梦想成功的人而言，永不满足的好奇心可以引导他们去不断追求新的目标。

2.敢于突破自己

我们每个人都曾经怀揣过梦想，有趣的是，这些伟大的梦想，往往也就在身边的人的一句句“别傻了”、“不可能”声中慢慢萎缩，甚至破灭。那些在陈旧观念中安于现状的人们是悲伤的。因此，我们要勇于突破自己，用新的眼光去看待这个世界，不要在老的观念里沉湎，不要让自己失去向上发展的勇气和动力。

第17章 权衡利弊，女人做事把握时机

在现实生活中，许多人总是抱怨没能遇到成大事的机会，事实上，机会始终是可遇不可求的，当机会来临的时候，能否以一双慧眼捕捉机遇，这才是决定一个人是否能成大事的关键。在我们身边，不是缺乏机会，而是缺少发现，如果你想做出一番成就，就必须拥有一双火眼金睛，抓住每一个成功的机会。

在困境中挖掘机遇，敢于冒险

成功者说：胆大心细，这就是做成任何一件事情的法宝。就举个简单的例子，投资。不管做什么事情都需要胆大心细，股票投资也是如此。假如说股票投资总是需要听从别人的意见，然后犹豫不决，就会错失许多良机。对投资者而言，一旦你认准了一件事情就需要大胆去做，不要总是在那里想着如何去进行预测或控制投资结果。席勒曾说："任何一个苦难与问题的背后，都有一个更大的祝福。"其实，伴随着艰难的背后，还隐藏着无限的机遇。在工作中，我们会遇到许多困难，如果你缺乏自信，会使沮丧、畏惧之心蔓延开来，不仅抓不住机遇，反而会被困难所吞噬。有时候，这就像是一道选择题，当你选择了在忍耐中发掘，机会就有可能会降临；但是，如果你选择了放弃，机会就永

远放弃了你。

19世纪，有人在美国加利福尼亚州发现了黄金，于是，出现了一股淘金热潮，许多人纷纷慕名而来淘金。当时，小农夫亚摩尔只有17岁，他也准备去碰碰运气。由于穷得买不起船票，他只能跟着大篷车风餐露宿奔向加州。

淘金完全是力气活，而且，周围环境恶劣，亚摩尔感觉很不适应。过了一段时间，决定放弃。有一天，他无意听到了淘金人的抱怨，“谁能给我一壶凉水，我就给他一块金币。”后来，因为没有水喝，有人甚至说：“谁要是让我痛饮一顿，老子就出两个金币报答他也无所谓。”原来，矿山里气候干燥，水源奇缺，对淘金人来说，最痛苦的事情就是没有水喝。

淘金工人不经意发的牢骚却给了亚摩尔一个启发。他想：既然自己不适合挖金矿，不如卖水给找金矿的人喝，也许比找金子赚钱更快。于是，他开始挖水渠引水，再将水过滤一遍，变成饮用水，把水装进桶里、壶里，卖给淘金工人。当时有人嘲笑他：“大家来加州是为了淘金发大财，你想做这种蝇头小利的生意，又何必千里迢迢跑到加州来呢？”由于淘金工人很多，对饮用水的需求量比较大。很快，亚摩尔就赚到了6000美元，这是一笔十分可观的收入。

同样是一件事情，有的人觉得这就是灾难、险境，有的人却因此而看到了机遇，原因在于人们的眼光不同。如果你只着眼于眼前，你会觉得事情毫无希望；但是，倘若你胆大心细，你会发现，摆在你面前的就是一次机会。

王传福曾说：“最关键的是要有冒险精神。”当比亚迪科技有限公司刚刚成立的时候，日本充电电池一统天下，国内的许多厂家都是买来电芯自己组装，这样，利润少，几乎不存在竞争。经过一番思考，王传福将目光投向了科技含量最高、利润最丰富的电芯。如此冒险的想法，在国内还无先例。后来，比亚迪公司的镍镉电池销售量达到15亿块，排名上升到世界第四位。之后，王传福投入大量资金开始了锂电池的研发，很快便拥有自己的核心技术，并成为

摩托罗拉的第一个中国锂电池供应商。

如果说这是王传福的第一次冒险，那么，决定制造汽车将是其第二次冒险。在2003年，比亚迪宣布以2.7亿元的价格收购西安秦川汽车有限责任公司77%的股份，由此成为继吉利之后国内第二家民营轿车生产企业。在2004年，深圳市有200辆比亚迪制造的锂离子纯电动汽车投入出租运营，成为全国第一家电动车示范区，真正实现了尾气零排放。

因敢于冒险，适时抓住了绝好的机遇。在短短七年的时间里，王传福将镍镉电池产销量做到了全球第一、镍氢电池排名第二、锂电池排名第三，年仅37岁便成为享誉全球的“电池大王”，坐拥338亿美元的财富。

其实，冒险与机遇总是结伴而行的，要想抓住机遇，就应该有冒险精神。在生活中，常常有这样的人，还没开始做一件事情的时候，他们就会想：如果失败了怎么办？于是乎，为了不失败就选择了放弃。可是，等到别人成功之后，他会无奈地说：早知道，我也去做了。机遇已经流失了才想到后悔，为时已晚。所以，在生活中，面对任何事情，我们都要有冒险精神，如此，才能抓住稍纵即逝的机遇。

1.在困境中挖掘机遇

同样的道理在工作中一样适用，有时候，面对上司吩咐的工作任务，有的人抱怨：“每次都是这样大难度的工作，好运都让身边的人捡了，我的命怎么这么苦啊？”有的人却从中看到了机会：“如果我能顺利完成这项任务，上司对我肯定是刮目相看，升职、加薪也就指日可待了。”面对工作中的困难，应牢牢抓住隐藏在险境中的机遇，才能走得更远。同时，眼光要看远一点，不仅仅着眼于眼前的困难，最关键的是，我们要善于在这样的困境中发掘机遇，抓住机遇。在通往成功的路上，有荆棘，有鲜花，荆棘代表着困难，鲜花预示着机遇，只要你踏过了荆棘地，就会达到美丽的花园。

2.不入虎穴，焉得虎子

俗话说：“不入虎穴，焉得虎子。”很多时候，机会并不是等待而来的，

而是需要我们自己创造的。当然，创造机遇是需要担当风险的，否则，机会不会白白等着你。有人说："美国有很多讨论富人的书，都得出结论证明富人并不比普通人聪明，学识也不一定比一般人多。要说富人智商有多高，那纯粹瞎掰。这些富人之所以能成功，而很多智商、学识远远高过他们的人却成功不了，是因为富人们具有的冒险精神或是敢想敢做的精神确实比别人强。"

去除幻想，马上行动

科学家卡莱尔曾经说过："要迎着晨光实干，不要面对着晚霞幻想。"这句话形象而准确地告诉我们：人不能过度沉迷于远大的理想之中，还应该付出比别人更多的努力。当我们发现一个良机的时候，就要敢于付诸行动，而不是犹豫不决。确实，在这个世界上，许多伟大的成功者都属于那些敢想、敢做的人，而那些所谓智力高超、才华横溢的人却始终犹犹豫豫、瞻前顾后，不知道付出行动而最终一无所获。人们常说"高风险意味着高回报"，只有那些敢于冒险的人才会赢得人生的辉煌。当然，那些面临风险依然果断做出决定的人肯定胆识过人，敢想敢做，逆流而上，结果往往获得了出人意料的成功。

有一天，一位园艺师向井植岁男说："社长先生，您的事业如日中天，而我却像一只蚂蚁一样在地上爬来爬去，根本没有出息，什么时候我才能赚到钱呢，才能像你一样成功呢？"井植岁男说："这样吧，我看你比较精通园艺，在我工厂边有几万平方米的空地，咱们合伙种树苗吧。那么，你告诉我，一棵树苗多少钱？"园艺师傅回答说："40元。"

井植岁男说："那么以1平方米地种两棵树苗计算，扣除道路，如果是2万平方米就能够种植2.5万棵树苗，树苗成本是100万元，你算算，3年后，一棵树苗能卖多少钱？”园艺师傅回答说：“大约3000元。”井植岁男说：“那么，这样，那100万元的树苗成本与肥料由我来支付，你就负责浇水、除草和施肥，3年后，我们就有600万的利润，到那个时候，我们每个人从中就能取得一半。”那位园艺师傅听了吓了一跳，拒绝说：“哇！我不敢做那么大的生意，我看还是算了吧。”

一句“算了吧”让园艺师傅错失了一个成功的机会，或许，我们每天都在梦想着成功，然而，当自己有了好的想法，即将投入实践的时候，却没有勇气去尝试，在心中有的只是对失败的顾虑，导致最后失去了成功的机会。巴菲特的投资事业告诉我们：成功是离不开行动力和勇气的，相比较智慧，我们更需要果断地尝试。

在职场中，许多人想改变自己的处境，想比现在做得更好，甚至，梦想着做一番事业，但是，他们往往是有了想法却没有行动，以至于许多好的想法、计划都死于腹中，最后，依然一事无成，在职位上平平庸庸地度过了一生。同样是一些敢想的人，他们没有犹豫，而是马上将自己的想法付诸实践，最后，他们成功了。出现这样截然相反的情况，是什么原因呢？因为前者缺少了行动力，他们只愿意想，而不敢去做，因此，成功的机会总是与他们擦肩而过。

孔子说：“君子耻其言而过其行。”意思是说，君子认为说得多而做得少是可耻的，在现实生活中，总是有这样一些夸夸其谈的人，他们口若悬河，说尽了大话，到最后，一件事情都没有完成，给上司和同事留下“浮夸”的印象。一个人如果想要去做一件事，无论计划多么完美，倘若没有付诸实际行动，就不能体现出它的价值来。

在成功者看来，人们常常会陷入这样的境地：想得多，做得少。事实上，当我们大脑中有了灵感就应该付诸实践，现在就去，马上就去。“现在”这一词语可以推进成功，可是，“明天”、“以后”、“某一天”就代表着“永远也做不到”。如果现在你的脑中有一些好的计划，那么，就应该对自己说“我

现在就去做，马上开始”，而不是说“我总有一天会去把它完成的”。

1.敢想敢做

大多数聪明的人，他们遇事冷静，他们不想自己的智慧被淹没在平淡的日子里。因此，一旦他们脑中有了好的想法，总是敢于去实现它，无论最后的结果是成功还是失败，他们总是先做了再说。

2.做比说重要

在现实生活中，有许多人渴望成功，但却从未想过自己应该下怎么样的决心才能达到成功。那些坐在办公室里无所事事的职员，永远都是等待机会自动来到自己眼前，唾手可得，自己毫无费力。在他们身上，缺少强大的决心，缺乏行动力，只会在等待中碌碌无为地过一生。

机不可失，时不再来

有人说：“商机抓住了，就能带来滚滚财富；抓不住，财富就会从你身边悄悄溜走。”成功商人十分注重把握机会，在他看来，机会稍纵即逝，抓住了就可以成功。如果抓不住的话，以后再也不会有那样的机会，那么，自己就将与成功擦肩而过。在他一生的经历中，由于机会比较多，成功的可能性自然比常人大了一些，如此，他最后走向了成功也不足为怪。机会与成功本来就是密切联系的，但是，发现机会与抓住机会并不一样，只有抓住机会才能有可能成功。

我们来看看巴菲特是如何抓住机会的：

巴菲特在投资过程中，向来都是看准时机，毫不犹豫地出手。美国运通是全球历史最悠久、实力最强大的公司，1891年它第一个推行了旅行支票，1958年又第一个推行了信用卡，引导了一场信用卡革命。不过，后来这家公司遇到了大麻烦，联合公司是一家大的企业，它用一批据称是色拉油的货物仓库存单作为抵押，从美国运通进行贷款。后来，联合公司宣布破产，清算时债权人想从美国运通收回这笔作为抵押的货物资产。1963年11月，美国运通调查发现，这批油罐中只有少部分装的是色拉油，大部分是海水，银行遭受了重大诈骗，损失估计数亿美元，假如债权人索赔的话，可能会导致运通资不抵债，顿时，这个消息让华尔街一窝蜂地疯狂抛售美国运通的股票。

对此，巴菲特专门走访了自己的家乡奥马哈的餐馆、银行、旅行社、超级市场和药店，发现人们依然用美国运通的旅行支票和信用卡来结账。他根据调查得出这样的结论：这场丑闻并没有打垮美国运通，美国运通的旅行支票和信用卡依然通行全世界。在全国范围内，它拥有旅行支票市场80%的份额，还在付费信用卡上占有主导的市场份额。

巴菲特意识到这是一次难得的机会，他当即出手，大笔买入了美国运通的股票。1964年，他将自己管理的40%的资金用来买入美国运通公司的股票。果然，当诈骗犯被抓住并起诉之后，美国运通也与联合公司债权人达成和解，继续正常经营。在后来的两年中，美国运通的股价上涨了3倍，在5年时间里上涨了5倍。

敢为人先，牢牢把握眼前的机会，使得巴菲特做成了一笔可观的大买卖。所谓“生意人人做，就看谁占先”，谁抢占了先机，谁就能成为最后的大赢家。从发现机会，到真正出手，也不过眨眼工夫，巴菲特深知自己稍有犹豫，就会错过这个机会。于是，他毫不犹豫，马上将这笔生意做了下来，果然，结局尽在他意料之中。

鸿门宴上，虽不乏美酒佳肴，但却暗藏杀机。项羽的亚父范增，一直主张杀掉刘邦，在酒宴上，眼看着如此大好的机会，一再示意项羽发令，但项羽却犹豫不决，默然不应。

于是，范增召项庄舞剑为酒宴助兴，趁机杀掉刘邦，项伯为保护刘邦，也拔剑起舞，掩护了刘邦。在危急关头，刘邦部下樊哙带剑拥盾闯入军门，怒目直视项羽，项羽见此人气度不凡，只好问来者为何人，当得知为刘邦的参乘

时，即命赐酒，樊哙立而饮之，项羽命赐猪腿后，又问能再饮酒吗，樊哙说："臣死且不避，一杯酒还有什么值得推辞的。"樊哙还乘机说了一通刘邦的好话，项羽无言以对，刘邦乘机一走了之。

刘邦部下张良入门为刘邦推脱，说："刘邦不胜饮酒，无法前来道别，现向大王献上白璧一双，并向大将军范增献上玉斗一双，请收下。"不知已错过机会的项羽收下了白璧，气得范增却拔剑将玉斗撞碎。

在鸿门宴中，其实隐藏一个最好的机会，如果项羽下令杀掉了刘邦，就不会有后来自刎乌江的故事了，而历史也将被改写。但是，项羽本性优柔寡断，迟迟不肯下令，使得眼前如此绝佳的机会失去了，最终，败于刘邦。

1.抓住机会

就买股票这个例子来说，通常情况下，当一家经营良好的公司暂时出现问题，市场担心这家公司解决不了问题，盈利能力会下降，于是投资者们纷纷抛售股票，致使股价大跌。在股市中，经常会有一些资金非常充裕的公司，因为临时遇到了大的困难，导致这只股票被市场抛弃。对于许多投资者而言，这样的情况不容乐观的。但实际上，股价疯狂下跌会形成安全边际，这正好是低价买入的良好时机。而随着企业解决了问题之后恢复正常之后，市场会重新认识到企业的盈利能力，而股价也会大幅度上升，投资者自然会大赚一笔。

2.马上行动

面对一个绝佳的机会的时候，我们需要马上行动。就像项羽一样，如果你总是优柔寡断，迟迟不肯行动，下不了决定，最终使自己失去了最佳的机会，让别人捷足先登。这样就会使自己与成功失之交臂。对此，面对每一次机会，要果敢，及时抓住机会，不要拖拖拉拉、犹豫不决。

善于发现隐藏中的机会

其实，那些所谓的成功者之所以获得成功，并不是因为机会青睐于他们，而是他们善于去发现机会，进而抓住机会。而且，机会只有对于那些善于发现机会并且能很好地利用机会的人，才能成为机会，才能为己所用。培根说："善于识别与把握时机是极为重要的。"在现实生活中，存在的机会并不少，但唯一缺少的就是发现，假如我们具备了一双"火眼金睛"，抓住了每一次机会，最后，定成大事。在现实生活中，机会永远青睐于有准备、有把握的人，只要善于发现机会，其实，机会就在我们身边。

胡雪岩说："做生意要有机会，更要靠过硬的本事。"他善于将发现的机会，经营成一个实实在在的财源。

王有龄捐官回来后，得到了海运局坐办的官缺，就在上任时却遇到了漕米的麻烦，于是，他请胡雪岩帮助自己渡过难关。于此，胡雪岩有了一个奔走于杭州与上海的机会，当时，他所雇用的是阿珠家的船，而阿珠的娘恰好懂一些蚕丝生意，胡雪岩得到了一个请教的机会。他了解到，丝绸纺织需要大量的原料，洋人则需要从中国进口大量的蚕丝，这样看来，做外贸或者销给洋桩，都能赚大钱。在胡雪岩心中，有了做蚕丝生意的念头。

在帮助王有龄漕米的过程中，胡雪岩有幸结识了古应春和尤五。不久之后，胡雪岩又发现了一个机会，原来王有龄调任了湖州知府，而湖州正是蚕丝的主要产地。于是，胡雪岩这个丝绸行业的门外汉开始做起了蚕丝生意，将朋友古应春、尤五也拉了进来，合作大干一场。

其实，说到做蚕丝生意，信和钱庄的张胖子，以及丝行的老板庞二无疑算是沾点边。因为，张胖子经常往返于杭州与上海，似乎比胡雪岩更熟悉蚕丝生意，而有信和钱庄如此雄厚的资本，做生意自然是不用发愁的；再说说庞二，他可是蚕丝生意中的高手，却没能想到控制市场、操纵价格。而他们没有做的，都被胡雪岩做了，原因就是他们没能发现机会，同时，也错过了成功

的机会。

张胖子和庞二没能发现的机会，却被胡雪岩发现了，不仅发现了，而且还将其利用了起来。他利用阿珠家在湖州且熟悉蚕丝生意的关系，出资让阿珠的父亲在湖州开丝行；利用王有龄调任湖州知府的关系，着手生丝收购，又联系了洋商，结交了丝业巨头庞二，做起了蚕丝销洋庄的生意。这样一来，机会被自己所用，想不成功都不行了。

有一个人信仰上帝，每天他都在为上帝祈祷祝福，希望上帝能够眷顾自己。在他看来，上帝应该随时随地地帮助它底下的每一个信徒。为了证实这样的想法，他做了一个大胆的决定：不会游泳的他拿着救生圈来到了海中央，看上帝是否给自己生存的机会。

做了一番祈祷后，他将救生圈扔掉了，他一边在水中挣扎，一边大喊："上帝，救救我，救救我！"这时，过来了一条渔船，船上的人抛下了救生圈，对他说："抓紧，我们拉你上来。"但是，他一边挣扎一边喊道："不用啦，上帝会救我的！"原来，在他心底一直坚信上帝会真的来救他。

过了一会，来了一艘快艇，有人抛下了救生圈，告诉他："抓紧，我们拉你上来。"但是，他还是放弃了求生的机会，他喊着："不用了，上帝会来救我的。"快艇开走了，一会儿，又来了一架直升机，飞机上的人放下了软梯，大声对他喊道："抓紧软梯，我们拉你上来。"那人拒绝了，依然喊道："不用，上帝会来救我！"刚说完，他就沉了下去，淹死了。

见到了上帝，他生气地质问："我每天都在祈祷祝福你，对你那么忠诚，你竟然对我见死不救。"上帝笑着说："我派去了两条船和一架飞机救你，但是，你却没能把握住机会，这能怪我吗？"

发现了机会，而把握不了，那么，最终的结果肯定是惨败。或许，一个人的成功是多方面的，但是，是否能发现机会，抓住机会，将机会为己所用，这对我们能否成功有着必然的联系。在现实生活中，并不存在什么幸运之神，机会也从来不主动敲响我们的门，机会从来都是属于那些有准备，敢于拼搏的人，他们发挥自己的能力来把握机会，并很好地利用机会。机会，本是无时无刻不存在，重要的是在于你是否具备一双火眼金睛。

1. 成功商人说机会

一成功商人常说："凡事总要动脑筋，说到理财，到处都是财源。一句话，不管是做官的对老百姓，做生意的对主顾，如果你想要人家腰包里的钱，就要把人伺候得舒服，人家才看心甘情愿掏腰包。"说到机会，他这样说道："会做生意的人，除了精通取势用势外，还要特别善于发现机会，要能够很好地把握和利用机会，要学会把机会变成实实在在的银子。"

2.不要坐等机会的到来

在现实生活中，许多人抱着"天上掉馅饼"的态度，坐等机会的到来，没想，那些机会眼看就从手中偷偷溜走了。机会是需要发现的，而不是坐享其成，在我们身边，可能潜藏着无数的机会，你是否能成功，就在于你是否能发现，是否具有一双慧眼。一个人如果不善于发现隐藏在身边的机会，那么，上帝给你再多的机会，也是枉然。

善于抓住"顺势"之机

成功者说："做事情要如中国一句成语说的'与其待时，不如乘势'，许多看起来难办的大事，居然都顺顺当当地办成了，就是因为懂得乘势的缘故。"与其等待机会，不妨乘势而行，这样，机会反而掌握在自己手中。许多经验告诉我们，在事情的发展过程中，升势可能在跌势中产生，衰退也会从高潮中出现。因此，时机的选定是需要自己的把握，与其待时，不如乘势，如此，才能达到事情的尽善尽美。

成功大师卡耐基说："一个把握眼前机会的人，十有八九可以成功。"机遇来了，就应该抓住机遇，顺风而上，如此，何乐而不为呢？在

胡雪岩看来，一个人若是真正地把握机会，让机会变成实实在在的财源，不仅出手要快，更重要的一点就是学会乘势而行。机会大小在势，能否赚到大钱要看势有多大，势大机会就大。关于时势，自有一番分别：“时，需要等待，是一种天道酬勤的等待；势，可遇而不可求。时，要因时而动，时动则动；势，要顺势而为，赚足趋势。”如此，才能时势造英雄。在现实生活中，很多时候，我们总是在等待机会的来临，殊不知，形势已经变了，之前所等待的机会如今就在眼前，那么，就要学会乘势而行，抓住机会，方可成功。

老张很早就想经营养殖业，可是，在一个穷苦的小山村，谈何容易，比如说，养鱼，光是水源就是一大难题。无奈之下，老张只好作罢，日出而作，日落而息，耕种着自己那三亩田地。

去年，经常干旱的山村竟然迎来了一场暴风雨，下了三天三夜。一场大雨过后，山洪暴发，把老张家仅有的三亩田冲成了大坑，积满了十多米深的水。全家人见此情景，愁眉不展，感到生活没有了希望。老张围着大坑走了几圈，突然笑了起来，他对家人说：“这不是上天给了我一个大鱼塘嘛，既然不能种地了，那就养鱼呗。”说干就干，他先到一个养鱼专业户那里学习了养鱼技术，又借钱买来了鱼苗，年底，他不仅还了所有的借款，还剩下了一万多。

从养鱼中尝到甜头的老张索性干到底，在第二年，又养鱼又养蟹，一年下来挣了好几万，这可比以前经营土地划算多了。

老张因祸得福，实际上也是乘势而上的结果，如果没有那场山洪，他就圆不了自己的梦想；如果没有失去土地，他有可能还在土地上经营。其实，当形势未变的时候，即使花了大量的精力，也不能将事情做好；一旦形势有所变化，那些之前看起来困难的事情也变得简单了。所以，与其待时，不妨乘势，借着东风的力量，才能将船只划得更快更远。

我们古人看重天时地利人和。其实，一件事情的成功就在于天时地利人和上，其中的“时”就是时机。我们常说：“此一时，彼一时。”其实，所道出的就是时势之妙。在很多时候，即使是同样一件事，即使你马上去办，有可能花了精力与财力都不能办好；而彼时去办，却是不办则已，一办即成。其中的玄妙之处在于，事情本身并没有改变，而是外在的形势变了。

俗话说："借得东风好行船。"东风所指就是势，若是没有东风，行船速度缓慢，有可能白花力气不说，还会耽误了行程；相反，若是有了东风，船就能顺势而下，节省了力气，也不耽误行程，岂不美哉。在现实生活中，我们既要善于发现时机，还需要关注大形势的变化，有时候，形势一变，就可能生出许多机遇来，这时就要抓住机遇，顺势而上，做事自然是事半功倍。

机会是急不来的

有人说："顺势是眼光，取势是目的，做势就是行动。"一些女人都有这样的毛病：急功近利。对此，成功者却不同，他们说："先不必求利，先等待时机。"作为一个成功者，不因局限于眼前的利益，而是善于捕捉时机。做生意就是这样，有了投资，就不用愁回报，它定会在某个时机到来，这时候，就是自己辉煌之时。一个人要想成就一番大的事业，不仅需要乘势，更需要等待时机。在时不逢机的时候，唯有等待才是最好的选择。

有一天，一头驴不小心掉进了一口枯井里，农夫绞尽脑汁想办法救出它，但是，几个小时过去了，那头驴还在枯井里痛苦地哀嚎着。最后，农夫决定放弃，心想，这头驴反正年纪也大了，不值得大费周折去把它救出来，但是，无论如何，要将这口枯井填起来，以免其他动物掉进去。

于是，农夫请来了左邻右舍，大家一起帮忙将枯井填满，同时，也好免去驴的痛苦。农夫和邻居们手拿铲子，开始将泥土铲进枯井中，当那头驴了解到

自己的处境时，眼里满是绝望，忍不住流下眼泪，并不断在枯井里发出痛苦的嘶叫声。但是，出乎意料的是，没过多久，这头驴就安静了下来，农夫好奇地探头往井底一看，出现在他眼前的景象却令他大吃一惊：当铲进枯井里的泥土落在驴身上的时候，它将泥土抖落在一旁，然后站到铲进的泥土堆上面。那头驴将大家铲进倒在身上的泥土全部抖落在井底，然后再站上去，很快，那头驴便出现在人们的眼前，大家都惊讶地捂住自己的嘴巴。

当意识到自己将葬身于此，那头驴子着急了，挣扎、痛苦地嘶叫，可是，这些似乎对事情的帮助一点用也没有。于是，它安静了下来，重新等待机会，没想到，伴随着灾难来临的还有机会，抓住机会，便走出了枯井。在事情尚未成功的时候，智者眼里往往意味着这将是一个潜在的机遇，而愚者却对此无动于衷。所以，成功者从来不急于求成，他们就像猎豹一般默默潜伏时刻准备着，伺机等待机遇直至成功。

在现实生活中，我们总想做一些事情，却往往做不成。有时候，因为条件不具备，或者一些障碍。在这样的情况下，该如何办呢？坚持去做，有可能会一败涂地，那么，就选择等待吧。暂时先忍耐一下，等待最佳的时机，如此，我们才能重新奋起。扭转困难往往隐藏在我们没有注意的地方，假如我们能发现它、抓住它、利用它，那么，我们将有机会摆脱困境，获得成功。

第18章 借助外力，女人做事事半功倍

比尔盖茨说：“一个善于借助他人力量的企业家，应该说是一个聪明的企业家。”而在做事的过程中善于借助他人的力量的人也是一个聪明的人。当自己的力量还没有足够强大的事情，借助他人的力量，是走向成功的捷径。而对于一个女人而言，不管是做事，还是谋求进一步的发展，更免不了借助他人的力量。

善于借力，顺势而行

从小我们就被教育要个人奋斗，自己的事情需要自己去做，不要把希望放在别人的身上，凡事都是自力更生。虽然，这么多年以来，我们从来没有否定个人奋斗的重要性，但当我们个人付出了很多的努力却难以得到回报的时候，就会难免产生一种失落的情绪，甚至灰心丧气、一蹶不振、自暴自弃。实际上，假如我们从另外一个角度去想，想想如何借力行事，从而永远保持着积极向上的心态，这无疑是一条通往成功之路的蹊径。当然，这样的借力行事，并不是说我们完全摒弃了个人奋斗，任何事情都需要依靠外力来帮忙。真正的借力行事，就是在我们原有的努力基础之上，巧妙外借他人之力，顺应天势，以此来达到我们所想要的结果，这就是人生中的大智慧。

荀子在《劝学》中就说道：“假舆马者，非利足也，而致千里；假舟楫者，非能水也，而绝江河。君子生非异也，善假于物也”。寥寥数语就道出了人生的大智慧，君子其实与其他人并没有大的差别，就是因为他们善于借助和利用外物而已，这就是一种善于借助外力的大智慧。因为一个人的能力往往是有限的，你就必须借助外界的力量来达成自己的目的，借他人之力来促使自己的成功。在我们现实生活中，一个人要想成就一番事业，仅仅凭他单枪匹马是不足以获得成功的，他或多或少都会依靠外来的力量，比如地位、名望、财富或者权力，否则他就会显得举步维艰。比尔·盖茨曾经说：“一个善于借助他人力量的企业家，应该说是一个聪明的企业家，在办事的过程中善于借助他人力量的人也是一个聪明的人。”因此，在人生的路途中，当你觉得一个劲儿地向前冲并不能为自己解决问题时，就学会舍弃一些坚持，一个人横冲直撞并不能成功，必须借助他人的力量来增强自己的力量。

成吉思汗被世人赞为“一代天骄”，可是，成吉思汗在历史上几次大规模的战争中都处于劣势，为什么大多数都以胜利而结束呢?

其实，成吉思汗善于利用外力来为自己打天下。他利用了札木合、王罕与蔑儿乞人之间的宿怨，利用塔塔儿人与王罕的旧仇，利用札木合与王罕之间的新隙，成功地分化了阿兰人与钦察人，然后各个击破，最后征服了整个东欧草原。他在对每一个敌人的时候，他又利用敌人内部矛盾，如利用札木合与他一些下属的矛盾，利用王罕父子的矛盾等。在扩张过程中，他利用金夏之间的矛盾，攻下西夏，从根本上清除了两国联合御敌的可能；而在攻打曲出律时，他又利用西辽的阶级矛盾与宗教矛盾，分化瓦解了曲出律的势力，使强大的西辽变得不堪一击。

成吉思汗借助了敌人的力量，成就了一代天骄的美名。在他兵力还不是很雄厚的时候，他就先后联合了草原雄鹰札木合和王罕，依靠联合他人的力量来成就自己的事业，最后成为了草原霸主。事实上，许多历史上成大事者都很善于借助他人力量来使自己获得成功。三国时期，草船借箭的故事几乎家喻户晓，试想，如果当时孔明坚持自己造弓箭，那肯定会以失败告终，所以，他借助外力完成了任务，也让周瑜刮目相看。

1.善借外力

无数的例子告诉我们，借力行事成为了通往成功之路的法宝。我们一个人的力量毕竟是有限的，而你要想在人生的道路上获得成功，除了靠自己的努力奋斗之外，有时候还需要借助他人的力量，就像是三月里的风筝，凭借好风力，才得以望尽大好河山。所以，在必要的时候，我们要放下"一意孤行"的固执，而善于借助外力来获得成功。

2.借力是一种顺势而为

孙中山曾说过："世界潮流，浩浩汤汤，顺之者昌，逆之者亡。"世间的任何事物都有其规律可循，是有顺势而为，才能事半功倍，即使是伟人，他们也不能逆势而为。而且，自古以来人们就讲究"天时、地利、人和"，方能成就大事。实际上，这都是借外力而为，顺势成事才是真正的大智慧。所以，当我们直接向前行却难以取得大的成就的时候，不要太过坚持，借力行事，顺势而为之，必将成大事。

借助别人的影响力成就自己

众所周知，一些名人权威的影响力是巨大的，假如我们在做事时巧借其影响力，可以有效做事。比如在1964年，尼克松在大选中败给了肯尼迪，百事可乐公司认准尼克松的外交能力，以年薪10万美元的高薪聘请尼克松为百事可乐公司的顾问和律师。最后尼克松接受了，利用自己当副总统的关系，周游列国，积极兜售百事可乐，最后使得百事可乐在世界上的销售额直线上涨，特别是尼克松还帮助百事可乐占领了中国的台湾市场。这就是借助名人效应的故事，名人效应是一种常见的社会现象，同时也是令人梦寐以求的无形资产，只

要我们找到了“借”的好点子，那就获得了打开“宝库”的金钥匙。

汉高祖刘邦共有八个皇子，生母不一，为了争夺太子之位，展开了子与子、母与母之间的明争暗斗。刘邦有位爱姬戚夫人，她想要刘邦废除太子，改立自己的儿子如意为太子。可吕后想保住自己的儿子刘盈的太子地位，于是她找张良帮忙。张良献上一计：“皇上一直想招聘四个隐居的贤人出山，但他们始终不肯，若将他们迎为宾客，太子常请此四人赴宴，必会被皇上看见而问其原因。”果然不出张良所料，高祖以为刘盈为人恭敬仁孝，天下名人慕名而来，终于打消了废去太子的念头。

刘盈的成功完全是因为借助了四大贤人的盛名，借助他们的名望保住了太子的地位。一个人的力量毕竟是有限的，更何况是一个手无缚鸡之力的女人呢？有时对于女性而言，更需要借助他人的力量来获得成功。聪明的女人要想在事业上获得成功，除了靠自己的努力奋斗之外，还需要借助他人的力量，只有“好风凭借力”，才能“送我上青云”。

美国一出版商有一批滞销书久久不能脱手，他忽然想出来了一个主意：给总统送去一本书，并三番五次去征求意见。忙于政务的总统不愿意与他多纠缠，便回了一句：“这本书不错。”出版商便借总统之名大做广告，“现有总统喜爱的书出售”，于是，这些书一抢而空。不久之后，这个出版商又有书卖不出去，又送一本给总统，总统上过一回当，想奚落他，就说：“这书糟透了。”出版商听了，脑子一转，又做广告说“现有总统讨厌的书出售了”，不少人出于好奇争相抢购，书又售尽。第三次，出版商将书送给总统，总统接受了前两次的教训，便不做任何答复，出版商却也大做广告：“现有令总统难以下结论的书，欲购从速。”居然又被一抢而空，总统哭笑不得，商人却借总统之名大发其财。

没有了人气，财气又从何处来呢？人气旺了，才有可能聚集财气。就好比上面这个案例，借名人来扬名，算得上是制造商机的一条捷径。这个故事告诉我们：只要你策划得当、巧借名目，美国总统也照样可以为你帮忙。

美国心理学家曾经做过一个实验：在给某大学心理学系的学生们讲课时，

向学生介绍一位从外校请来的德语教师，说这位德语教师是从德国来的著名化学家。试验中这位“化学家”煞有其事地拿出了一个装有蒸馏水的瓶子，说这是他新发现的一种化学物质，有些气味，请在座的学生闻到气味时就举手，结果多数学生都举起了手。

本来那只是没有任何气味的蒸馏水，但由于“权威”的心理学家的语言暗示而让许多学生都认为它有气味。通过这个实验，直接体现了人们所具有的“安全心理”，同时，人们还有一种“认可心理”，也可以称为“崇拜心理”，他们总认为自己的言行要与权威人士保持一致性，自己只有相信权威人士的言论，才能得到各方面的认可。所以，这两种心理就诞生了权威效应。

在我们现实生活中，利用“权威效应”的实例很多，比如在广告时请权威人物赞赏某种产品，在辩论说理时引用权威人士的话作为论据，等等。相传，南朝的刘勰写出《文心雕龙》后由于无人重视，他想请当时的大文学家沈约审阅，但沈约却不予理睬。后来他装扮成卖书人，将作品送给沈约。没想到沈约阅后评价极高，于是《文心雕龙》成为中国文学评论的经典名著了。据此，我们还可以开拓思路：

比如借用名专家的话，比如“某专家认为”等。

很多健康专家认为，晚上身体往右侧睡才是最健康的睡姿。于是，当你在向朋友或家人证实这言论的真实性的时候，不妨可以这样说“健康专家都这么说，难道还有假？”比如，在每一只牙刷上面都会标明“牙医建议，三个月更换一只牙刷”。

比如借用位高权重人士的话，比如“市场认为”等。

最近几年国家经济飞速发展，但物价也猛涨，对此，国家相关权威人士表示会抑制部分的经济泡沫。于是，在平日闲聊中，邻居大妈可能更愿意相信物价不跌反涨，你就可以搬出权威人士的话“央行行长都发话了，要出台一系列措施，抑制物价……”

比如借用各行业权威人士的话等。

在每个行业都有相应的权威人士，比如文学领域里的矛盾、鲁迅，艺术领

域里的梵高、贝多芬，等等。当我们再强调语言是多么重要的时候，不妨搬出语言大师林语堂的言论“语言不是一般的工具，使用起来不同于其他工具”。

比如借用上司的言论婉拒对方。

很多时候我们不知道该如何拒绝，可以借助上司的言论进行拒绝，比如“前几天经理刚宣布过，不准任何顾客进仓库，我怎么能带你去呢”，或者说“这件事我做不了主，我会把你的要求向领导反映一下，好吗”。

巧借时间拒绝纠缠

在生活中，有时候明知道我们所拒绝的对象是死缠烂打的人，但却无可奈何，我们只能巧借时间拖延来拒绝，而不宜采用激烈的直接拒绝法。虽然，我们内心对这样的人深恶痛绝，恨不得与之划清界限，远远避开。但是，对于那些死缠烂打的人而言，一味地躲避并不是明智之举，与其发生激烈的争执，那更是下下之策。本来，他们的心胸就比较狭窄，他们的心眼更是猜不透，如果你直接拒绝，或者以不屑的态度拒绝其要求，估计就在那一刻，他已经将你划分为敌人，并将你列为自己的报复对象。所以，对于那些死缠烂打的人，我们不能直接拒绝，更不能与之产生矛盾，而是需要以时间作为拖延来进行拒绝。

拒绝死缠烂打的人，最智慧的方式也就是用时间拖延。如果你马上拒绝，定然会得罪这样的人，不知这会为自己带来什么样的后果。一般而言，他们都是独来独往，是不合群的，因为他们的所作所为使得他们在人际交往中处处碰壁。没有谁去认同他们，更没有人愿意与他们交朋友，甚至他们成了“过街的老鼠，人人喊打”。他们自然明白自己的处境，于是他们对谁都是充满着恨意。

唐朝的时候，有一个人叫卢杞，跟郭子仪同朝。卢杞还不得志时，郭子仪已经出将入相，很是风光。他对所有的公卿大臣都很随便，独独对卢杞礼数周到。若遇卢杞来访，他会让家人全撤到后面，自己整整齐齐穿了朝服，迎接卢杞。接待中，他也表现得谦恭有礼。家里人十分不解，一个芝麻大的小官，郭子仪为何要如此礼遇？为什么不拒绝接见呢？

听了家里的疑虑，郭子仪说："这人心术不正但很聪明，又会巴结，迟早有得意之日。我现在只是慢慢敷衍他，以时间拖延他，若是现在得罪了他，他定会怀恨在心伺机报复。宁可得罪君子，也不可得罪小人啊！"

果然，卢杞后来官至宰相，朝廷中凡是曾触犯了或拒绝过他的官员，都被他想方设法地报复了。郭子仪不曾得罪他，最终得以自保。

在案例中，郭子仪对待小人卢杞的态度，很值得我们借鉴，虽然，他不曾与这样的小人相勾结，但他也愿意得罪这样的小人，他深知这样心术不正却又很聪明的人，一旦得了势，那自己将会成为被报复的对象。既然他要与自己来往，那自己也不好拒绝，就以时间作为拖延，逐渐与之周旋，以缓和小人的心境。果然，卢杞后来在朝中为官，那些过去拒绝过他的官员，都被其想方设法地报复了。但唯独郭子仪，因为他只是用时间拖延拒绝了卢杞，所以得以自保。

1.以时间拖延，不得罪小人

有句话叫做"宁可得罪君子，不愿意得罪小人"，因为小人的言行举止是不受道德规范约束的，他们做什么事情都是不讲游戏规则的。即便是君子也不愿意与小人斗，更别说我们了。习惯于死缠烂打的小人从来不讲信用，不重承诺，从来不按游戏规则出牌，他们往往为达到目标而不惜一切手段。所以，我们在与小人相处的时候，不能掉以轻心，哪怕是对方所提出的要求，我们也不要直言拒绝，而是表现出自己应有的"尊重"，尽量以时间拖延，让小人慢慢接受被拒绝的过程，这样对他而言，会相对来说轻松很多，而且，他也不会对拒绝自己的一方产生怨恨。

2.小心翼翼拒绝

当我们遇到那些死缠烂打的小人，应该小心翼翼，与之"打打太极"，以

时间为借口，诸如“下次，下次我一定会好好考虑的”、“最近时间有点忙，下次吧”，这样慢慢拖延，实际上也是在尽量缓和与小人之间的关系。

巧借美言，说服对方

生活中，有时候为了俘获对方的心，我们需要巧借美言，而这就会涉及人际心理学中的可口可乐效应。在态度心理学中，人们把说服性信息与一些强化刺激联系起来，从而提高了信息的效应现象，被称之为可口可乐效应，这一效应的实质是强化作用。换句话说，就是利用美言来使对方产生积极的热情，或者，对方在美言的作用下处于很好的精神状态中，对方会在这种影响力下爆发出前所未有的激情与动力。有时候，“可口可乐”看起来与说服性信息的内容完全无关，但是可口可乐却是一种积极肯定的刺激；当在说服性信息后即给予对方“可口可乐”时，这无疑肯定这一信息的积极性，并做出了正面的强化；另外，“可口可乐”本身潜隐着说服的作用，尽管没有表明是给那些接受说服信息的人喝，但它本身潜隐着一定的信息，也就是当你喝了可口可乐就会做出一致的反应，否则，就会产生心理不协调。其实，此效应中所说的“可口可乐”指的就是“美言”，或者可以说带着赞美的语言。在日常交际中，我们可以利用“美言”来使对方产生积极的热情。

美国南北战争开始时，北方联军连吃败仗。后来林肯大胆启用了一位将军——格兰特。他出身平民，衣着不整，言语粗俗，行为莽撞，有人还说他是个酒鬼。但林肯心里明白，所有对他的传言都是夸大之辞……后来，竟然有人要求林肯撤掉格兰特的军职，其理由是说他喝酒太多。林肯则不以为然，他赞扬格兰特说：“格兰特总是打胜仗，要是我知道他喝的是哪种酒，我一定要把那种酒送给别的将军喝。”格兰特没有辜负林肯的信任，为结束南北战争立下了赫赫战功，证明自己的确是一位能力卓越的将军。后来，他成为美国第十八任总统。

在这里，林肯用“美言”激发出了格兰特将军的热情，形成了良性反应，从而产生了“可口可乐”效应。最终，格兰特将军焕发出积极的热情，为结束南北战争立下了赫赫战功，证明林肯所说他是一个“总是打胜仗的将军”。

有一个女孩，5 岁就开始登台演唱。她有着优美的歌声，她的天赋从一开始就显现无疑。长大后，她的家人为她请了一个很有名的声乐老师来训练她，每当女孩想到放弃或节奏稍微不对时，老师都会很细心地指正和鼓励她。后来，她的老师离开了，她那优美的歌声发生了变化，声带拉紧、硬绷绷的，不再像以前那样动听。直到后来，有一位推销员追求她，每当她哼着小调，或一个乐曲旋律时，那位推销员都会惊叹歌声的美妙：“再唱一首，亲爱的，你有全世界最美的歌喉。”她开始重新焕发对音乐的热情，她又开始前往世界各地演唱。

他总是这样说，事实上，他并不确知她唱得好不好，但是他确实非常喜欢她的歌声。所以他总是以“美言”来使她心花怒放，以此产生了“可口可乐”效应。

在企业里，这种可口可乐效应正被人们所重视。当员工表现优秀的时候，上司会给予其物质奖励，员工对工作会更加有积极性，对上司更加亲近。

我们说“美言”要适合对方的心理需求。比如有一次卡耐基去邮局寄挂号信，办事员服务质量很差，很不耐烦。当卡耐基把信件递给她称重时，他说：“真希望我也有你这样美丽的头发。”闻听此言，办事员惊讶地看看卡耐基，接着脸上露出微笑，服务变得热情多了。当我们对他人说出美言的时候，需要考虑这赞美是否适合对方的心理需求，加强“可口可乐”与其需求的匹配性，越匹配越能发挥出可口可乐效应的作用。

同时，我们在借用“美言”的时候，需要慎选，只有真诚的“美言”才能起到相应的作用，那些变味、虚假的美言就有可能起到消极的作用。所以，我们应该选择真诚的美言，比如，身材很肥胖的朋友穿了紧紧的连衣裙，你还说

“这裙子完全衬出了你的身材”，那么效果也就适得其反了。

最后，我们注意传递愉快信息。当我们在劝说朋友的时候，可以向对方传递愉快的肯定信息，诸如“喝杯热茶吧，可以暖暖身体”，或者给予微笑、点头、招手等动作，这样也可以起到可口可乐效应的作用。

借他人好点子为己所用

聪明的女人做事不会生硬地去模仿别人，不过，她会敏锐地发掘他人思想中的亮点，并为己所用。生活中，我们会听到关于别人思维中的好点子，而我们所需要做的就是整合各种信息和智慧，为己所用。换而言之，就是要调动外界的一切能为我所用的资源，从而提高自己的做事效率，快速达到自己的预定目标。

谁又能想到，今天大街上流行的牛仔裤是源于140多年前淘金者之手呢？

当年美国的淘金热将很多有发财梦的人们吸引到了西部，1850年，利瓦伊·施特劳斯还是一名商贩，他随着淘金者来到了西部经营帐篷等淘金者需要的商品。有一天，一个淘金者抱怨说，他们最需要的是结实的裤子而不是别的东西。利瓦伊灵机一动，请裁缝用做帐篷的帆布缝制了一批裤子，由于其结实耐穿受到了矿工们的青睐，顿时，滞销的帐篷变成了畅销的裤子。

三年后，他集资成立了“利惠”牛仔裤公司，并依据矿工劳动特点不断改变裤子面料和样式，最终形成了特有的风格。100多年后的今天，“利惠”公司已经跻身于世界大公司的前列。

施特劳斯的发迹主要源于对信息的敏锐反应，当别人还只是停留在信息表面时，他已经窥测到了其背后的商机。在做事的过程中，几乎每个人都会遇到难题，尤其是年轻人，对生活充满热情，但又缺乏经验，那怎么就可以从别人的经验中寻找灵感。

清初皇太极打算留下明将洪承畴为己效力，便派范文程去劝洪承畴投降。洪承畴当时正在跺脚大骂，范文程心平气和地与他交谈时，房梁上的尘土偶然落下，落到了洪承畴的衣服上，他用手掸出灰尘。范文程回去告诉皇太极，他说："洪承畴肯定不会求死，连衣服尚且那么珍惜，更何况他的性命？"

皇太极亲自去看望洪承畴，解下自己身穿的貂皮大衣给洪承畴穿上，说："先生是否觉得不那么冷了？"洪承畴瞠目而视许久，叹息道："这真是老天选定的明主啊！"于是叩头请求接受他的投降。

对此，皇太极异常高兴，不仅当天的赏赐不计其数，还设置了酒宴，摆上了戏台。将领们有的对此很不高兴，说："皇上待洪承畴太好了！"皇太极劝他们说："我们这些人风风雨雨几十年，是为了什么？"将领们回答说："那谁不知，是为了入主中原！"皇太极听后笑道："这就譬如行路，我们都是盲人，如今好不容易得到一个向导，我怎能不高兴？"

在这里可以看出皇太极的做事技巧，范文程是汉族的大学者，是一位极有见识之人；洪承畴更是明朝的大官，学识也有过人之处。而这两个人都为皇太极所用，为清军入关，特别是制定统治方略方面，起到了重要作用。

借力指的是借他人之力，比如名人、亲戚、朋友、同学等的地位、名望、财富或智慧等，他人有时是你接近成功或走向成功的桥梁与阶梯。关系网中的"借"字是核心，把握了"借力"这个核心元素，就把握了关系网的精髓。一个女人要想顺顺当当把事情做好，除了靠自己的努力之外，有时还需要借助他人的力量或点子更好地为我所用。

参考文献

[1] 李问渠.做一个会说话会办事的人[M].北京：新世界出版社，2009.

[2] 梅子.聪明女人的说话技巧与处世智慧[M].北京：中国三峡出版社，2009.

[3] 杨帆.做一个会为人巧处事的智慧女人[M].北京：中国华侨出版社，2010.